生き方’元気になるには

坂東眞理子

フォー・ユー

はじめに

人間の「生き方」は、さまざまです。

地に足をつけてしっかり生きている人もいれば、目の前の小事に目を奪われて大局を見失ってしまう人もいます。

周囲の人に対する感謝と愛情にみちた言動で温かいオーラを発している人もいれば、人の気持ちを考えない自己中心的な言動で敬遠されてしまう人もいます。

目先の利に敏《さと》い人は、とかく損得勘定だけで動いて成功しようとしがちです。他人を踏み台にしたり押しのけたりして、チャンスをもぎとることさえあります。その結果、一時的に良い思いをすることもあるかもしれません。

しかし、そうしてつかんだ成功は自分の本当の実力ではありませんから、人生の最終的な幸福には結びつきません。また、実力のないうちに成功を経験した人というのは失敗や挫折に対する耐性がないので、小さなつまずきを経験しただけでものごとを諦めたり、人生そのものに投げやりになってしまったりすることが多いものです。

最終的に幸福に結びついていくのは、やはり自分で努力して引き寄せた成功です。それは本当の実力ですから、一の成功を十にも百にも広げていくことができ、大きな果実をもたらします。

「点滴《てんてき》石を穿《うが》つ」といった諺《ことわざ》があるように、昔の日本人は、根気よく努力すれば最後には必ず成功する、と信じていました。目立たぬところで重要な仕事をして周囲の人たちに尽くしていけば報われるということも、経験を通して知っていました。

それが今では忘れられ、「努力なんてカッタルイ」「縁の下の力持ちなんてばかげている」「人に尽くすよりまず自分の成功」ということになっていないでしょうか。

「まじめに、着実に、へこたれず」は日本人の信条だったはず。その前向きで元気な生き方を、もう一度思い出してほしいと思います。

持続力や忍耐力、仕事に対する責任感、自分の得ばかり求めず人のことを思いやる心は、自分の力を高め新たな世界を広げていくために欠かせない要素です。つまり、より良く生きていくには人間としての品格が必要、ということです。

この本では、単に成功をつかむノウハウというよりも、「品格を失わずに人や仕事に向き合い、与えられたチャンスを活かして自分を高め、前向きに元気に生きていくためには」ということに関して、私の考えや実践してきたことを述べます。

第一章では、私自身の仕事の歩みを振り返りながら、未知の世界にチャレンジする楽しさ、仕事を通した自分の鍛え方、後進の育て方、また、困難に向き合った時にどうやって気持ちを切り替えてきたか、などについて述べています。

第二章では、さまざまな経験から学んできた私なりの仕事術と〝自分磨き〟の方法について述べました。ひとことで言えば、「ポジティブ志向で成功するための仕事術」になると思います。私の考える「成功」とは、単にお給料が上がるとか出世するとかではなく、自分の能力を高めて社会のために活かし、社会から必要とされる人になる、ということです。

ひとくちに「成功のための仕事術」と言っても、すべての人に共通するものもあれば、キャリアや立場によって違ってくるものもあります。これから就職していく若い人たち、今現在バリバリ働いている人たち、管理職になって新たな可能性を広げようとしている人たちなど、それぞれのキャリアや立場から参考にしていただけるよう、多くの具体例とアドバイスを示し、実践的な仕事術になるように努めたつもりです。

第三章は、仕事を含めた人生全般においてエネルギーを養い、そのエネルギーを枯らさず心身ともに元気に生きていくための提言です。

今、日本人の平均寿命は、男性が七九歳、女性は八六歳になっています。その長い人生をより良く生きるためには、若いうちから自分のライフデザインを考え、節目節目でそれを見直していく必要があります。特に仕事をもつ既婚女性の場合、子育てを終えて再チャレンジを始める四十代に自分の能力をよくよく見直し、さらなるレベルアップを図っていくことが欠かせません。
人に依存することもおもねることもなく、失敗や挫折に負けず、いくつになってもチャレンジ精神を忘れず社会に貢献していく――。そんなしなやかな生き方を目指す方々にとって、この本が少しでも役立つことを願っています。

二〇〇八年八月

坂東眞理子

目　次

第二章　自分の磨き方、活かし方

本文ＤＴＰ／株式会社ライズ
編集協力／竹内恵子
イラスト／福井典子

第一章
人は何度でもチャレンジできる

若い頃から考えておくべきこと

❖就職はやりがい重視？　それとも安定志向？

まず、読者の皆さんに一つ質問をしたいと思います。

「社会に出たらこういう仕事をしたい」

と考え始めたのは、いつ頃のことでしたか？

小学生の頃から機械や工作が好きで技術者の道を選んだ、という人もいるでしょう。

高校の職場体験学習でやりがいを感じて保育士になった、という人もいるでしょう。

職業に関して考え始める年齢は人それぞれですが、だいたい高校生ぐらいになると、ある程度具体的な希望をもち始めるようです。

たとえば、『第三回高校生と保護者の進路に関する意識調査』（社団法人全国高等学校ＰＴＡ連合会・株式会社リクルート調べ、二〇〇七年）によると、「将来就きたい職業がある」と答えた高校生は全体（一八〇二人）の六六・一パーセントでした。

就きたい職業のベストスリーは、一位が公務員（国家・地方）、二位が看護師、三位が教師です。その理由として、

「人の役に立ち、やりがいがある仕事だから」

という回答が多かったことを、私は頼もしく思いました。

けれど、なかには「公務員はリストラがなく収入も安定しているから」といった回答もあります。高校生のうちは、さまざまな仕事の内容についてよく理解できていないのでしょうが、「やりがい」より「安定」を重視する若者が少なからずいるのは、ちょっと淋しい気がします。

もちろん、収入をしっかり確保できるかどうかは職業選択の基準の一つとして大事なことですが、それだけで進路を決めてしまうと後悔します。

就きたい仕事がわからなかった高校時代の私

ところで、この調査で「将来就きたい職業がある」と答えた高校生を性別で見ると、男子（八五八人）五七・六パーセントに対して女子（九四四人）七三・九パーセン

トと、女子のほうが多くなっています。

女性が社会に進出し、活躍することが必要だと信じている私は、この結果を嬉しく感じるとともに、自分が高校生だった頃とは将来に対する意識が明らかに違っていることを改めて感じました。

私は終戦の一年後、四人姉妹の末っ子として富山県に生まれ、地元の小・中学校を経て富山中部高校に進みました。この高校は県内屈指の進学校でしたが、当時、同級生の女性たちで「将来はこういう職業に就きたい」と確たる考えをもっている人は、ほとんどいませんでした。

私自身も、その頃は大学進学のことしか考えておらず、

「社会に出たら何をやろう、何をしたい」

と思い描いたことはありません。社会や職業に関する情報量が今と比べものにならないほど少なかった、ということもありますが、私自身の世界が狭かったため、職業に対するイメージをきちんともてなかったのです。

十代の頃は、誰でも自分の世界というのはごく狭いものですが、本を読んだり先輩に話を聞いたりして自分の世界を努めて広げるようにし、できるだけ早いうちから

「社会に出てから何をしたいか」を考えておくべきです。若い頃の私自身の反省も踏まえて、そう思います。

将来のビジョンを何ももたず、なんとなく大学に入ってしまうと、

「大学受験という目標がなくなって何をしていいかわからない」

「自分は何がしたいかわからない」

「就職活動の真っ最中なのに進みたい分野がわからない」

と悩んでしまうことになります。また、安定志向だけで就職してしまうと、仕事を始めてから「これは自分に向いていない」と後悔することにもなりかねません。

人間というのは面白いもので、進むべき目標を定めて充実した日々を送っていると力を発揮できる機会を確実につかんでいけるものですが、方向が定まらずに毎日を鬱々《うつうつ》とした気分で過ごしていると、せっかくの活躍のチャンスが目の前にきても、それに気付かず通り過ぎてしまうことが多いのです。

高学歴を目指すより資格の取れる分野へ

私が高校生の頃、教師や親たちは、成績のいい女の子には「医者になりなさい」と

言っていました。自分の得意な分野で技術なり資格なりを身につければ自立しやすい、と考えていたからでしょう。

私も親から「医者になったらどうか」と言われたことがありましたが、気が進まなかったので東京大学という名前にひかれ文学部に進学しました。

文学部を出て何がしたいという展望があったわけではありません。

「文学や歴史が好きだから文学部にでも行こうかな」

くらいの意識しかなく、そういう進路の決め方に疑問も感じていませんでした。周囲の女子生徒も、ほとんどが同じような感覚で進路を選択していました。

一方、男子生徒の多くは、

「医者になるよりビジネスや官僚の世界で大きな仕事をしたい」

と考えているようでした。男性にとっては、資格をもつということはむしろ活動範囲を限定するものになるのかもしれません。そのせいか、医学系の大学よりも東大を重視するような雰囲気がありました。

私の高校は進学校だったこともあり、女子にも男子にも共通していたのは「大学へ進むなら東大がいい」という考えでした。学歴偏重の学校だったわけです。しかし東大に入ったからといって、その後の人生が大成功するとは限りません。

たとえば、富山中部高校は、ノーベル化学賞を受賞した田中耕一さんの母校として知られています。田中さんの高校時代の成績は決してトップクラスではなかったそうですし、東大にも進みませんでした。高校や大学という狭い世界で学業成績だけなら、田中さんより勝っている人はたくさんいたわけですが、その人たちは誰もノーベル賞をとっていません。

つまり、高校や大学を出てからどういう道に進むか、専門分野でどれくらい努力を積み重ねていくかによって、人生の開け方は変わってくるのです。自分に適した進路の選択はそれだけ難しいということであり、また、進路の選び方いかんでその後の人生は意外な展開にもなる、ということです。

自分の進路についてあまり考えず、漫然と文学部に進学した私は、大学を卒業する頃になって、

「何かきちんとした資格を取っておけばよかった」

と悔やみましたが、あとの祭りでした。

ですから、二人の娘たちには、

「東大に行くよりも資格の取れる分野に進みなさい」

と言いました。私だけでなく、東大の同級生で専業主婦になった友人たちも皆、「学歴だけあっても何の役にも立たない」

と痛感しているようで、その方々のお嬢さんたちはほとんど全員が、医師など専門の技術と資格をもつ職業に就いています。

❖消去法で進路を方向転換

文学部に進学が決まった時、私のなかには、「将来は大学に残って文学者になるのかな」という本当にぼんやりとしたイメージしかありませんでした。

それが社会に出る方向に変わったきっかけは、大学三、四年生の頃にピークに達した東大紛争です。

一九六〇年代後半、日本では大学の民主化を訴える学生運動の嵐が吹き荒れ、全国の大学が相次いでストライキに突入していました。東大では一九六八年の冬に医学部がストライキに入り、一部の学生たちが安田講堂を占拠したため、六九年は卒業式が中止になりました。

一九六九年一月には機動隊が出動して安田講堂を包囲。立てこもっていた学生たちは火炎ビンを投げたり投石を繰り返し、それに対して機動隊は催涙弾や放水で応酬しました。安田講堂の攻防戦は二日間続いた末、封鎖は解除されましたが、その年の東大入試は中止になりました。

当時の学生たちの多くは、古い体制に反発し、反逆することにエネルギーをぶつけていました。大学では、毛沢東が文化大革命の際にスローガンの一つとした「造反有理（反逆には道理がある）」という言葉が流行し、「学者なんて、世の中のことをまったく理解していない古い人間だ」と批判するような雰囲気もありました。

学生運動がなくて穏やかな時代だったら、私は学者になっていたかもしれませんが、荒廃した大学に残るのは無理だったため、卒業間近になって就職しようと決めました。進路選びは、社会情勢に左右されることもあるのです。

その段階で初めて、文学部出身では仕事がないということに気付きました。

その頃、東大卒女性の職業の選択肢は、研究者として大学に残るか、学校の先生になるか、公務員になるか、の三つぐらいしかありませんでした。世間ではまだまだ

「勉強のできる女は生意気だ」という考え方が幅を利かせており、大企業は高卒や短大卒の補助職の女性を求めていました。特に東大卒の女性は、いざ就職となると民間企業からまったくお呼びがかからなかったのです。

研究者として大学に残る道は閉ざされ、人前に立って教えることもあまり好きではなかった私は、結局、公務員の道を選ぶことにしました。

私の進路は、いわば消去法で決まったわけです。

❖「女の子だから文学部へ」は大間違い

「どうせ公務員になるんだったら、文学部じゃなく法学部に入っておけばよかった！」

これが、進路を決めた時の私の正直な気持ちです。

同じ大学でも学部によって将来の展望が違うということが、私にはわかっていなかったのです。東京のように情報が多いところでは、高校生でもそんなことはちゃんと知っていましたが、富山にはそういう情報はほとんどなく、完全な情報不足でした。

そのうえ、就職について具体的なイメージを描くこともなく、テニスや読書で大学生活を送っていたのですから、世間知らずと言うしかありません。

こうした状況は、昔も今も、あまり変わっていないような気がします。

女性が高校から大学に進む時、多くの場合は将来の就職のことまで考えていないのではないでしょうか。周囲の大人たちも、

「女の子は就職のことなど考えなくてもいいから、文学部にでも進みなさい」

と言ったりします。

「どうせ就職しても結婚や出産で辞めるんだから」

と考え、よい結婚相手と知りあえそうな職場がいいと考えがちです。

そのため、いざ就職先を求める段になって、社会が女性に対していかに厳しいかということを知り、あわてます。また、実際に就職してみると、その職業とはあまり縁のない文学系の専攻だったため、苦労することも多いものです。

「仕事や人生に対する長期的な展望を、もっと早くからもっておくべきだった」

社会への第一歩を踏み出した私は、自立へのビジョンをもつことがいかに重要かを思い知らされることになりました。

「お茶くみ」からのスタートで

採用されるだけでラッキーだった時代

学園紛争のため一九六九年の卒業が六月末だったので、七月一日に、私は総理府（現・内閣府）に入省しました。

総理府は内閣総理大臣を長とし、各行政機関の事務の総合調整や、他の行政機関に属さない種々の事務を担当するところです。外局として、経済企画庁、総務庁、宮内庁、防衛庁、公正取引委員会、国家公安委員会などが置かれていましたが、二〇〇一年の中央省庁再編にともない、内閣府に改組されました。

当時は女性を毎年採用してくれる省庁は労働省しかなかったため、初めはそちらに行こうと考えていたのですが、既に同級生が労働省を希望しており、たまたまその年は総理府が女性を採用してもいいと考えているという話を聞き、希望を変更しました。

省庁に限らず、その頃の大卒女性の就職は、とにかく募集があるところに行くという状態でした。そのうえ公務員の場合、試験に受かってもなかなか女性の採用がありません。ちなみに総理府では、私が入省したあと八年間女性の採用がなく、その後も数年に一人ずつ採用されただけです。こうした傾向は他の省庁も同様で、昭和四〇年代の女性公務員の数は本当に少なく、霞ヶ関では女性同士なら皆、名前も顔も知っている、そんな時代でした。

また、公務員試験は資格試験と違うので、合格しても三年以内に採用してもらえなければそれでおしまいです。そういう人も実際にたくさんいましたから、私は入省できただけでもラッキーだったのです。

社会人一年生のスタートは手探り状態

総理府に入省した当初は仕事の内容もよくわからず、「こういうスタンスで仕事をしたい」という展望もなかなかもてませんでした。

もちろん、採用試験の時には

「各省庁の要である総理府で力を発揮したい」

などと背伸びをして言っていたと思いますが、ほとんど予備知識なしに飛び込んだ世界です。入省から三週間後の七月に内閣総理大臣官房広報室に配属になりましたが、正直なところ、配属が決まっても仕事に対する具体的なイメージはもてませんでした。

ご承知のように、一般職の国家公務員は、Ⅰ種採用試験に合格した〝キャリア組〟と、Ⅱ種・Ⅲ種採用の〝ノン・キャリア組〟に分かれます。

法的な根拠はありませんが、キャリア組には幹部候補者としての昇進ルートが敷かれ、ノン・キャリア組とは区別されるという人事管理の慣行が以前からあり、現在ではそれが改革課題にもなっています。

私のラインは全員キャリアでしたが、別のラインはノン・キャリアの人たちが圧倒的多数を占めていました。そのため、先輩方から、

「君たちはキャリアなんだから頑張れ」

と発破をかけられたり、

「あなたはキャリアなのに、あまり仕事ができないわね」

と言われたりもしました。

そうしたプレッシャーのなか、仕事に対するイメージがはっきりしないままに、私

は社会人一年生としてのスタートを切ったのでした。

望まない仕事でも全力投球するのがステップアップへの近道

最初に配属された内閣総理大臣官房広報室では、会議に出てメモを取ったり、コピーをして資料を作ったりという仕事のイロハを教えてもらいました。いわゆる「コピー、お茶くみ」からのスタートです。お茶くみに関しては上司も悩んだようですが、

「いくらキャリアでも、やっぱり最初の一年だけはやってくれ。他の女性職員が反感をもつと、君も大変だろうから」

と言われました。

キャリアで入った他の同期生は、男性だからということでお茶くみを免除されていたので「あれあれ?」と思いましたが、ここで喧嘩《けんか》をしてもしょうがないと思い、一年間はきちんとお茶くみもやりました。

どのような職場に入っても、最初はお茶くみなど自分の望まない仕事を与えられ、その後も二十代の頃は補助的な仕事ばかり任されることが多いものです。

「自分はまだ仕事をきちんとできるわけではないのだから、しかたない」と理屈ではわかっていても、不満をもつ人は多いことでしょう。私にも不満はいろいろありました。

けれど、公務員社会というのは、キャリアで入っても自分一人では何もできません。ノン・キャリの人たちやアルバイトの人たちのほうが、新人の私などよりよほどちゃんと仕事をしています。大学時代までの私は、官公庁や企業などで実際に働いている人たちと接する機会がなかったため、現場でコツコツ仕事をしてこられた方との違いにそこで初めて気付き、「偉そうなことは言っていられない」と感じました。

「経験がないうちから上司に反発ばかりしてもしょうがない」と気持ちを切り替えて、望まない仕事を与えられた時でも、くさらずにその仕事に全力投球していきました。

自分のプラスにはあまりならないような仕事でも、しっかりとこなしていき、次のステップを窺《うかが》う——。遠回りのように感じるかもしれませんが、新人の頃にチャンスをつかむには、実はこれがいちばんの近道ではないかと思います。

それに、少しずつ大事な仕事をさせてもらえるようになると、自然と仕事が面白くなってきます。仕事が面白いと感じて張り切って取り組めば、次はさらに大事な仕事を与えられる、という好循環が生まれてきます。

アシスタント的な仕事を地道にこなせば着実に鍛えられる

内閣総理大臣官房広報室で三年ほど仕事をしたあと、私は青少年対策本部の配属となり、そこで「青少年審議会」や『青少年白書』の執筆などを担当しました。

『青少年白書』の執筆メンバーは四、五名おり、二十代半ばの私はアシスタント的な存在でした。下調べをして文章を書き、それを上司に直されるということの繰り返しがとても多かったのですが、それで落胆したりやる気をなくしたりしたことはありません。先輩の仕事を見るにつけ、「自分はまだまだ力不足」とひしひしと感じていましたので、落ち込んでいる暇などありませんでした。

その頃から、

「菅原（私の旧姓です）は文章を書ける」

などと、私のことを認めてくださる方が少しずつ出てきました。白書の仕事だけでなく、日頃の書類や報告などを書いてきた積み重ねを、周囲の方々はしっかり見ていてくださったようです。そのうちに、上司の名前で文章を書くゴーストライターのようなこともしました。

仕事は少しずつ面白くなってきましたが、公務員というのは残業が多く、長時間労働は家庭との両立が困難でした。しかも、自分自身の仕事が忙しくて夜遅くまでかかるのではなく、国会待機のように質問を通告されるのを手持ち無沙汰に待っている時間が長いのです。

ただ、これは公務員の仕事の特質なので、残業の多さに文句を言っても始まりません。むしろ、人の仕事が終わるのを待つ時間を、どのように有効活用するかが問われます。

私は、その間にいろいろな原稿を書いていました。自分の手柄になるわけではありませんでしたが、コツコツと取り組みました。

もしかしたら、これは富山県人に特有の性格なのかもしれません。

富山県には大小合わせて三百あまりの河川があり、その多くは急流で過去に何度も氾濫《はんらん》を繰り返してきました。水害や冬の豪雪と闘ってきた富山県民は、忍耐強く、骨身を惜しまずに黙々と働き、実直で合理志向であると言われています。

むろん県民性だけの問題ではありませんが、当時の私が地味な匿名の報告書を書く仕事にも骨身を惜しまず向き合っていたのは事実ですし、そうした姿勢を上司も認めてくれたように思います。何より、こうした仕事は私にとって文章を書くうえで非常に良い訓練になり、その後、執筆活動をするきっかけにもなりました。

二十代の頃は修業期間と考え、アシスタント的な目立たない仕事であっても、くさらず、地道に、へこたれずに仕事をすることが大事です。その経験は、必ず将来のステップアップにつながります。

前例のないことにチャレンジする楽しさ

一九七五年九月、大きなチャンスがおとずれました。

この年の国連国際婦人年を機に、総理府のなかに婦人問題担当室（現在の男女共同参画局の前身）が置かれ、当時二九歳の私もそこに加わることになったのです。

私は、婦人問題担当室専門官として国内行動計画の策定に携わるとともに、第一回『婦人の現状と施策』（通称『婦人白書』）の執筆を任されることになりました。

日本初の『婦人白書』ですから責任重大でしたが、私自身はプレッシャーを感じる

よりも、むしろ、

「伸び伸び仕事ができる場を与えられた！」

と感じました。

前例のない仕事を任された時、不安にかられて腰が引けてしまう人は多いようですが、私は断然「楽しい」と思います。なにしろ前例がないのですから、

「あれもやりたい」

「これもやってみよう」

と自由に考え、チャレンジすることができます。こんなチャンスはめったにありません。白書の担当になってから、私は毎日が楽しくて楽しくてしかたありませんでした。

その反面、他の省庁の女性から、

「あなたはいいわね、伸び伸びして」

と嫌味もずいぶんと言われました。女性のキャリアが連綿と続いている省庁、たとえば労働省のようなところでは内部での競争が激しく、そういうところでしのぎを削っている人たちは、私とは別の苦労があったのでしょう。

ただ、人は誰でも与えられた環境のなかで、自分なりに仕事に向き合っていくしかありません。そう考えて、周囲の雑音はあまり気にしないようにしていました。

「やるべき仕事」と「やりたい仕事」は別ものと割り切ろう

ところで、白書というのは通常、複数のメンバーで執筆します。たとえば『経済白書』は五〇名から四〇名で分担して書きますし、私が青少年対策本部で『青少年白書』をつくった時の執筆メンバーは四、五名いました。

ところが、異動になった婦人問題担当室はその年に新しくできた部署だったので人手が足りず、白書の作成に際してはアルバイトの女性を一人アシスタントとして入れただけ。その女性に資料整理などをしてもらい、執筆はすべて私一人で行なうことになりました。

仕事量は膨大ですが、もともと文章を書くことは好きでしたので、その点は苦になりません。実際、執筆はとても楽しいものでした。大変だったのは内部調整や各省調整です。

白書というのは、自分の書きたいことを書いて本になるわけではありません。原稿を自分の上司や各省の会議に提出し、そこでチェックを受けなければなりません。

するとあちこちから「これは言いすぎだ」「この表現は改められたい」といった紙つぶてがたくさん飛んでくることになります。『経済白書』などでは、その執筆に命を賭けているような人たちがチェックの内容をめぐって上司と対立し、口もきかなくなった、という話もよくあるほどです。

私も、時間とエネルギーの大半をこうした調整に費やすはめになりましたが、「白書は公文書なのだし、組織のなかのことだからしょうがない」と、そこはフレキシブルに考えて、上司や各省から「直せ」と言われれば「ハイハイ」と直していました。ただし、やはり自分の思うとおりに書けたらどんないいだろうと夢みてました。

臆せずにチャレンジを続ければ新たな世界が開ける

こうして一九七八年一月、第一回『婦人の現状と施策』が世に出ました。

この白書は日本初ということで話題になり、私はその執筆者として朝日新聞の「ひと」欄に顔写真入りで紹介されました。これがきっかけとなって出版社から原稿の執筆依頼を受けるようになり、外の世界でもいろいろと文章を書く機会が増えていきました。

『女性は挑戦する』という処女作を出版したのは、その年の秋口のことです。

自分の著作ですから、書きたいことを書き、誰からも文句をつけられずに、そのまま本になります。

「白書に比べてなんて楽なんだろう！」

と思いました。

これが病みつきになり、以後今日まで約四十冊の本を執筆しています。

その意味で、『婦人の現状と施策』の執筆は、私にとって大きなターニング・ポイントになりました。

新しい部署のなかで、たった一人で白書を執筆するという仕事を与えられた時、もし仮に私が怖じ気《おけ》づいて辞退していたとしたら、別のフィールドに仕事が広がることはなかったかもしれません。

前例のない仕事にチャレンジするのは単に楽しいだけでなく、将来、自分の可能性を広げ、未知の世界へ続く扉を開けるきっかけにもなります。そのことを、ぜひ皆さんに知ってほしいと思います。

〝できる上司〟を味方につける

チャンスは自分でつくりだせ!

その後、私は一九八〇年から八一年にかけて一年間、アメリカのハーバード大学に客員研究員として留学しました。

この留学は、自から希望したものです。

一九七八年に半年間カナダに留学していた私は、北米の女性たちの活躍情況をもっと深く調べてみたいと考えるようになっていました。当時の霞ヶ関には人事院の長期在外研修という制度があったので、当初はそれで留学したいと考えましたが、総理府の推薦が得られず、この制度を利用することはできませんでした。

チャンスが与えられないのなら、自分からつくり出すしかありません。私は自分で留学先を見つけてきました。

このようなかたちの留学は、それまでにあまり例がなかったため、渋る上司もいま

したが、
「せっかく自分で留学先を見つけてきたんだから、いいじゃないか」
と言ってくださる方もいて、どうにかお願いして、ようやく認めてもらったのです。

渡米した私は、あらゆる面で刺激をうけました。一人前に評価され自分の意見を積極的に表明できました。何よりも、学歴やポストと関係なく個人としての私が受け入れられ、支えてもらったのが大きな自信になりました。

さまざまな企業や女性団体などに出向いて多くの話を聞きました。

アメリカの女性たちは、企業や団体のトップを目指して意欲的に、積極的に働いていました。その姿に刺激を受け、日本の女性ももっと自分に自信をもって自分たちの可能性にチャレンジしていかなければ、と思いました。また、当時の日本ではまだ一般的でなかった草の根のボランティア活動などにも数多く接し、アメリカ人の善意とボランティア精神に感銘を受けました。

こうした経験を通して、女性には男性とは異なる独特の働き方があり得るのではないかという思いを強くし、日本の職場では女性はどんな働き方が可能なのかと、折りに触れて考えるようになりました。

それは、その後の私の著作活動にも大きな影響を及ぼしています。

これまでに私が執筆した本のうち約三分の一は女性関係の本で、『米国きゃりあうーまん事情』『女性が仕事を続ける時』『女性管理職の時代』など、女性とキャリアについて書いたものが多くあります。「女性は差別された被害者である」と現状を悲観的にとらえるよりも、女性である特質を活かして新しい分野へ進出していこうと呼びかけるのが、私の著書の共通点です。

ハーバード大学への留学は、自分自身の活動範囲を広げ、研究テーマの奥行きを深める意味でも、とても貴重な経験となりました。

一流上司と三流上司の見分け方

前項でも述べたように、ハーバード大学へ留学する際、私は既存の在外研修制度を利用することができず、自分で留学先を見つけてきて上司を説得しました。

チャンスというのは、ただ漫然と待っているだけではなかなかつかめないものです。自分のほうからチャンスをつくり出し、自分の道を自分で切り拓くことが大切です。

ただ、どんな組織のなかにも、前例のないことには拒絶反応を示すタイプの人がいます。私の留学に難色を示していた先輩も、そういうタイプの人でした。

こうした障壁を乗り越えるには、いくら自分一人が頑張ったところでラチがあきません。けれど、世の中というのはうまくできています。

「前例のないことは絶対にダメ」

と言う人がいる一方で、

「前例がないからこそ面白いじゃないか」

と考えるタイプの人もいるのです。

両者は、どこが違うのでしょうか。

端的に言えば、前例にこだわるのは二流、三流の人が多いようです。古い考えに凝り固まり、冒険を嫌い、失敗を恐れ、周囲に自分がどう思われるかばかりを気にします。こういうタイプの人には、接待されることが大好きだったり、仕事をしていても生気が感じられなかったりする人が不思議と少なくありません。

一方、前例にこだわらない人は、頭が柔軟で本当に仕事のできる一流の人といえるでしょう。こういう人は考え方がフレキシブルで、部下に対しても温かいものです。

大事なことは、頭の硬い上司とやりあうことではありません。仕事ができて頭の柔軟な上司に自分の味方になって頂くことです。私の場合も、そういう上司が応援してくださったおかげで波風を立てずに留学がかないました。

自由で柔軟な発想の上司に認めてもらうには

〝できる上司〟が自分をどこまで見てくれているかは、仕事の可能性を広げるうえで、とても大きな意味をもっています。

当時の総理府には、各省庁からの出向者がたくさんいました。出向者は、それぞれの省庁でも仕事が非常にできるA級の人たちでした。総理府の内閣総理大臣官房に、他の省庁に見劣りする人材を差し向けたのでは恥ずかしいという思いから、各省庁とも優秀な人を選んでいたからです。

こうしたA級の方々は、おおむね私に好意的で、いろいろな面で後押しをしてくださいました。その意味で、私は上司に恵まれていました。

自由で柔軟な発想の上司に味方になってもらうには、仕事で認めてもらうほかにありません。と言っても、スタンドプレーで目立とうとするのは品格に欠け、かえって底の浅さを露呈してしまうことになります。

大切なのは、気を抜かずにルーティン・ワークをしっかりとこなしていくこと。なにごとにも誠実に取り組むことです。また、得意な仕事の分野で自分の個性を出していくことも重要です。

私の場合は、入省以来、地味な仕事でもコツコツと取り組んできたことと、『婦人白書』の執筆のように「書く」という得意分野でそれなりに自分の力を発揮できたことで認めてもらえたようです。

また、日々の仕事を一所懸命やっている若い女性が珍しかった、ということもあったでしょう。そのぶん、同期やその前後の男性の同僚より関心をもってもらううえで有利だったかもしれません。

私の留学が決まった時、男性の同僚たちは面白くなかったと思いますが、上司に認められてチャンスをつかめば、同期の嫉妬《しっと》を買うこともあるのが世の常。そう割り切るしかありません。

管理職になってパワーが三倍に

❖霞ヶ関の人事は完全なピラミッド型

ここで少し、霞ヶ関の人事のあらましについて説明しておきましょう。

日本の官僚制度では、各省庁が権限を分担し、それぞれの省庁では指揮系統に即したピラミッド型の人事構造がとられています。そこで使われる役職名は、民間企業とは少しズレがあります。

たとえば、官僚制度の本省の課長職は、民間企業ならば本社の部長クラスに相当し、一般的な「課長」のイメージよりも大きな権限をもっています。

また、民間企業でも本社、地方支社、子会社となるにつれて同じ役職名でも権限が小さくなるのと同じように、国家公務員も本省、地方局、支局となるにつれて同じ役職名でも権限は制限されるようになっています。

本省の課長クラスより上には、ランクの下から順に、局部長、官房審議官、局長・官房長（民間企業の取締役に相当）、省審議官（民間企業の専務取締役に相当）、事務次官（民間企業の社長に相当）などの職名があります。局長・官房長クラスになると、国の方針に影響を与えるほど大きな権限が与えられます。

そもそも中央省庁の課長職以上には、通常、国家公務員Ⅰ種試験に合格して入省した人が就きます。それ以外の人がたまに課長に昇格すると、それだけで大きな話題になるほど。すでにスタートから、ほぼコースが決まっているのが官僚の世界。課長より上の役職への昇格は、Ⅰ種合格者のなかだけから選ばれます。民間企業とはかなり異なった昇格システムになっています。

昇進も左遷も仕事にはつきもの

さて、ハーバード大学での留学を終えて帰国した私は、総理府老人対策室の参事官補、日本学術会議事務局情報国際課長を経て、一九八五年に内閣広報室参事官になりました。参事官というのは、事務の総括管理や企画の調整などについて局長を補佐する職で、課長相当のポストです。

その後は、総務庁統計局消費統計課長、総理府男女共同参画室長などを歴任しました。公務員の世界で順当に昇進していったことになります。もちろん、昇進とともに責任も大きくなっていきましたが、私にとってはそれがとても良い刺激になり、励みとなりました。

ただ、一度、ラインから外れた部署に飛ばされたことがあります。その時の上司は、当時はあたりまえの慣行でしたが、公私のケジメをつけない人でした。

誰にでも「ウマが合う、合わない」はあります。仕事に全力投球している部下を煙たく感じる上司というのもいますし、気の合わない上司から冷遇されたり、閑職に追いやられたりしたという話も、世間では珍しくありません。

上司との関係だけでなく、いろいろな巡り合せから、人事について思うようにならないことはしばしば起こります。大好きなポストを一年で替わることになったり、自分には向いていないと思うポストに何年もいたり……。そんな時は誰でも落ち込んでしまうでしょう。

しかし、公務員の場合は同じポストに三年も四年もいることはないので、それが救いになります。民間企業でも、まるで向かないポストに社員をずっと置き続けるようなことをすれば損失になるので、いずれは他の部署に異動になることが多いはずです。

ですから、向かないポストの時でも「今は雌伏《しふく》の時期」と考え、自己研鑽《けんさん》を積みながら飄々《ひょうひょう》として自分の仕事をまっとうすべきだと思います。

返り咲きの時はきっとやってきます。いろんな人がいろんな角度からあなたの仕事ぶりをみています。

管理職になると仕事はますます面白くなる

総理府で老人対策室の参事官補をしていた頃までに、執筆や企画など自分の興味のある仕事を自分の力でできるようになった、という感じでした。

内閣広報室の参事官になってからは、管理職としてチームの人と協力して仕事ができるようになったので、パワーが三倍にも四倍にもなりました。

そのぶん、責任もグンと大きくなります。いろいろな調査を行なう時は企画から結果までのすべてに責任を負い、調査結果を踏まえた分析や展望を記者発表でいかにアピールするかまで自分で考えなければなりません。

責任が大きいだけに、広報室の発表が新聞の一面トップを飾るのは、とても嬉しいものでした。朝日・毎日・読売・産経・日経の五大紙のトップをすべて取ったことが

四、五回ありましたが、そのたびに内心、
「やったぜ！」

とガッツポーズをとるほどで、その頃がいちばん仕事が楽しく感じられました。

このように「管理職になると仕事がますます面白くなる」ということを、日本の男性は共通の認識としてもっています。

そのため、男性たちにとっては、職場でステップアップして上のポジションに就くことが人生の目的のようになっています。そして、それが実現できなければ世をはかなむぐらい、皆、管理職になりたがるのです。

「管理職は大変」という意識を刷り込まれないように

ところが女性の場合、多くの人が、

「管理職なんて大変だろうな。私には無理だわ」

と感じています。それはなぜでしょうか。

これまで女性は、管理職になることについてネガティブな情報ばかり与えられてきたからだ、と私は思います。

「管理職になったら、上司と部下の間で板挟みになるぞ」

「仕事の全責任を一人で負わなければいけない」

「男性の部下をうまく使いこなして、反発を買わないようにしないとね」

などと、日本の女性たちは「管理職は大変だ、大変だ」という情報ばかり刷り込まれてきました。

また、上からは、

「女性を管理職にすると、産休などで余計なコストを払わなければならない」

と考えられ、下からは、

「女の上司ではやりにくい」

と言われるなど、女性であることを理由に管理職になるチャンスを与えられてきませんでした。

そうしたことが、職場で女性たちがいまひとつ意欲的、積極的になれなかった原因ではないかと思います。

けれど、「管理職にはなりたくない」という意識を捨てないと、将来に対する希望の光は見えず、いつまでたっても仕事は楽しくならないでしょう。

管理職にステップアップすれば、チームがつくれるようになってパワーが増し、仕事がさらに楽しくなり、やりがいも大きくなります。自由裁量もできますし、お給料も上がります。まさに、いいことづくめです。

管理職ほど面白くてやりがいのあるポジションはない――。

これが、経験を通して得た私の実感です。

◈女性リーダーの部下掌握術

「二十一世紀には女性の管理職と働くのが当たり前になります。だから、あなたたちは二十一世紀の体験を先取りしているのよ」

管理職になってからの私は、部下の男性たちにいつもこう言っていました。

公務員の世界では、男性同士でも自分よりいくつか年下の人が上司になることがよくあります。しかし、その上司の下でずっと仕事をするわけではなく、三年くらいで異動やチーム替えが行なわれます。そのため、年下の上司であっても皆、割り切っていますし、反発したりショックを受けたりするようなことは、まずありません。

ただ、女性の上司となると少し様子が違ってきます。

「女に使われるなんて、まっぴらだ」

「男同士のように腹を割って話せないから仕事がやりにくい」

「女性の下につくと出世が遅れるのではないか」

などと考える人が、当時は少なからずいたのです。

私自身は表立って部下に反発されたことはありませんでしたが、当時、省庁の男性たちのほぼ全員は女性の上司と働いた経験がなかったので、なかにはショックだった人もいたと思います。

私は、彼らにあまりショックを与えないように気をつけました。

「二十一世紀の体験を先取り」という言葉も、女性の上司についたことへの衝撃を和らげ、意識をしっかりと切り替えてもらうために発していたものです。

部下に信頼されるために私が心がけたこと

ほかにも、男女を問わず部下に対してはいろいろなことを心がけました。そのうちのいくつかを以下に挙げておきましょう。

これらはどれも、部下に心から信頼される上司になるために重要なポイントです。

上司と部下との信頼関係が築ければ、チーム内の士気は高まり、人間関係も良好になって結束力が増していき、素晴らしい仕事ができるようになるはずです。

男女の区別なく部下に接する

男性の部下に対しては「くん」づけではなく「さん」づけで呼びました。これは、女性の部下に対して「さん」づけをしていたので、男女区別なしということです。

部下が得意とする分野でチャンスを与える

スピーチがうまい人、分析力に優れている人、事務をきっちりできる人、数か国語に堪能な人など、部下というのは皆それぞれに、上司のできないようなことをこなす能力をもっています。

私は、部下たちが得意とするところを発揮できる出番を、なるべく多くつくるようにしました。

たとえば、私が執筆を依頼された時にはできるだけ部下たちの名前で原稿が書けるようにしていました。また、講演を頼まれた時には自分で独占せず、「部下でもいいですか」とお聞きして「いい」と言ってくれるところには、部下に行ってもらうようにしました。

■部下に信頼されるための４つのポイント

1. 呼び方一つにも注意を払い、男女の区別なく部下に接する
2. 部下が得意とする分野で力が発揮できるようにチャンスを与える
3. 他人の評価にとらわれず、一緒に仕事をしながら部下の仕事ぶりを自分の目で見る
4. 有能な部下は良いポジションへ送り出す

そして、それでうまくいった時には、

「本当に良かったね」

「さすがだわ、ありがとう」

などと賞賛と感謝の言葉を必ず添えました。こうしたことは、部下のやる気を引き出し、モチベーションを高めるうえでとても効果的です。


先入観にとらわれず仕事ぶりを自分の目で見る

部下の得意分野を見極めるためには、自分の前任者から引継ぎの時に伝えられた情報を鵜呑みにしないことです。

引継ぎの時には、

「Aさんはこういう仕事が得意、Bさんはこういう性格」

といった情報を前任者からもらうのが一般的ですが、他人の評価が必ずしも正しいとは限りません。それこそ、ウマが合ったり合わなかったり、ということもあります。


私は他人の評価にとらわれず、一緒に仕事をしながら一人ひとりの部下の性格や仕事ぶりを自分の目で見極めるようにしました。すると、引継ぎで

「癖のあるやつだから気をつけろ」と言われていた人が、仕事に対してとても誠実だったりするのです。

ある上司と部下とがウマが合う、合わないということと、客観的に見てその部下に能力があるかどうかは、まったく別の問題であるということを忘れてはいけません。

有能な部下は良いポジションへ送り出す

省庁では職場のチーム編成が二、三年で変わっていきます。チームのメンバーが替わる際、私はそれまで一緒に頑張ってきてくれた有能な部下を、より良いポジションに送り出すよう努めました。

当時は女性の上司の下にくることが左遷のように思われていて、周囲にひやかされたりする人もいましたから、「いや、坂東さんのチームに行くと次のポジションがいいらしいよ」といった噂が立つのが、とても大事なことだったのです。

「あの人と一緒に仕事をしたら、次は良いポストに就けるぞ」

と思えば、皆、張り切って異動してきてくれるようになります。

未知のびっくり体験をプラスに

未知の世界に飛び込む勇気

一九九五年四月、私は思いがけず埼玉県の副知事に任命されました。

女性副知事の登用を公約の一つに掲げて登場した当時の埼玉県知事が、各方面の有力者に紹介を依頼し、私に白羽の矢が立ったということでした。

副知事というポストは特別職の地方公務員で、知事が任命し、県議会の承認を必要とします。その自治体に長く勤務している部局長から任命されることがほとんどで、その次に多いのが中央省庁からの出向者です。

当時、すでに東京都、沖縄県、石川県で女性の副知事が登場しており、埼玉県は全国で四番目でした。その頃はどの自治体も部局長クラスまで昇進している女性職員が少なかったため、東京都以外は外部からの登用でした。

中央省庁から副知事に出向すること自体は、男性の場合は特に珍しいことではありませんでしたが、最初にお話をいただいた時には、まさに青天の霹靂《へきれき》と感じたものです。

地方自治制度のおおよその仕組みは知っていましたし、総理府で二六年間さまざまな仕事をしてきましたから、公務員としてはかなり広い経験と知識をもっているほうだと自負してもいました。けれども、具体的な地方行政はまったくの未経験。埼玉県に地縁や血縁があるわけでもなく、未知の世界へ飛び込むには相当の勇気がいりました。

何より、当時の私は総理府の男女共同参画室長として仕事に深いやりがいと愛着を感じており、

「自分はこの仕事をするために公務員を続けていたんだ！」

と思うくらい打ち込んでいました。

その年の九月には、北京で「第四回女性会議」が開かれることになっていたので、その会議を終える一〇月まで、なんとか副知事の就任を延ばしてもらえないかとお願いしたのですが、当時の県知事の政治的なタイミングもあり、早く来てくれと言われました。

副知事への出向は人事異動ですから、個人的な希望は考慮されませんし、私として

も自分の意向をごり押しできるとは思っていませんでした。

こうして私は、ライフワークとも考えていた男女共同参画室の仕事から泣く泣く離れることになったのです。

依頼を受けたからにはベストを尽くす

副知事として仕事をしたのは、一九九五年四月から九八年三月末までの約三年間です。

就任当初は、埼玉県知事による女性副知事登用の公約は選挙で女性票を獲得するためのパフォーマンスだったのではないか、という見方もありました。でも女性にアピールしようという意欲のある政治家には協力しなければなりません。

確かに政治家にとって、女性を幹部級のポストに登用することは、有権者の半分を占める女性にアピールする有効な方策です。が、たとえそうであるにせよ、トップに近いポストで自治体行政に関わることは、女性が政策決定の場に参加する一環として意義のあることでした。

埼玉県の女性職員や女性団体の方々は私を知っていてくれたものの、県の行政に関係する大半の人たちは私の著作など読んだこともない人でした。

私を推薦してくださった方々は、それまでの国家公務員としての経験や実績を評価してくれていたと思いますが、政治的な意味合いからすれば、私は能力を見込まれたというよりも、「女性だから副知事に任命された」というのが事実に近いと思います。

それだけに、副知事への就任を引き受けた以上は、

「女性を副知事にしたけれど、単なるお飾りでなんの役にも立たなかった」

「県民も喜んでくれなかった」

「行政コストを上げただけだった」

などといったことにならないよう、ベストを尽くさなければならないと思っていました。

また、県民の女性たちやこれから続く若い世代の女性たちのために、少しでも役に立つことが自分の使命だと考えていました。その点、私の後任の副知事にも女性が任命されたのは嬉しいことでした。

思いがけず未知の世界で大きなチャンスを与えられた時、臆せずにその世界に飛び込んでいく勇気をもつこと。どのようないきさつにせよ、自分に白羽の矢が立ったこ

とに感謝すること。自分自身のキャリア・アップのためにも、また、あとに続く人たちのためにも、与えられたチャンスを活かしてベストを尽くすこと。

これらは、私が仕事をするうえで一貫してもち続けているポリシーです。

❖「九五人の県議宅を個別訪問せよ」にびっくり仰天

副知事に就任した直後でいちばん印象に残っているのは、すべての県議会議員のご自宅に挨拶に行くよう言われたことです。

埼玉県は人口が多いので県議の数も多く、今では一〇〇人を超えています。当時でも九五人の議員がいました。その一人ひとりのお宅に伺えというのですから、本当にびっくりしました。

国家公務員のなかには大臣の自宅に挨拶回りをする人もいますが、私にはそのような経験はなく、国会議員に用事がある時も議員会館か事務所で時間をとってもらっていました。用件を済ますにはそれで充分だったからです。

特別な用事もないのに九五人の県議会議員の自宅を訪問し、顔見せのように「よろしく」と言って回るのは、どう考えても非合理的な話と思われました。けれど、こうした慣例に従わないと、「生意気だ」「気が利かない」などと思われて意地悪をされることもあると言います。

私は、どうしようかと迷いました。

言うまでもなく個人的には、「こういう慣例は改善すべきだ」という考えです。

「少しでも埼玉県を良くしようと思って副知事になったのだから、ここは波風を立ててでも悪しき慣例は正《ただ》すと主張すべきではないか」

そう考える一方で、

「私が自分のスタイルを貫けば、知事や部下がつらい立場に置かれるかもしれない。波風を立てずに前例に従えば、ものごとはスムーズに進むのではないか」

とも考えました。

迷ったあげく、挨拶には行くことにしましたが、

「こんな慣習は他県にもあるのですか？　私は不必要だと思います」

という問題提起だけはしておきました。

どうせ挨拶に行くのなら、おとなしくしておいたほうが自分の評判は良くなるということはわかっていました。問題提起をしたからといって、こうした慣習はなかなか

変わらないことも承知していました。

けれども、多くの人が内心「おかしいぞ」と思っていることを声に出すのが自分の役目だと思い、あえて問題提起をしたのです。一気には変わらなくても、それがきっかけで徐々に旧弊が改善されていくこともあるからです。

無意味に思える慣習も考えようでプラスになる

その後、晩春から初夏にかけて、私は時間を見つけては九五人の県議のお宅を訪問し、埼玉県の隅から隅まで回りました。

やると決めた以上は、いやいややっていても時間とエネルギーの浪費にしかなりません。こんなことを言うと怒られてしまいそうですが、

「これは県内の視察なんだ。議員さんの家に行くのは、そのついで」

と、考えを切り替えたのです。

訪問先の地域に県の施設があれば見学し、市町村の風土や道路事情、住宅事情などを観察し、埼玉県内のマップを頭に叩き込みました。

初めは正直言って、「こんな挨拶回りなんてバカバカしい」と感じていました。

ところが、そう思いながらもきちんとこなしていくうちに、県議の方々の生活の背景を知り、人柄の良い夫人方に接して、

「政治家というのは奥さんに支えられているのだ」

と痛感するようになりました。埼玉県の自然の美しさに驚かされたり、県内の経済格差を実感したりすることもありました。

非合理的と考えていた挨拶回りだったことは確かですが、そこから得るものもたくさんあったのです。

私が挨拶回りに行くことに決めたのは、一つの慣習をめぐって周囲と対立することにエネルギーを使うよりも、副知事という本来の仕事でエネルギーを発揮したほうが良い、と思ったからです。そこで、挨拶回りに行きながら、県内のことをある程度把握してしまおうと考えたのでした。

民間企業にも、「こんなものいらない」と思うような慣習はあるでしょう。自分が責任者となってその慣習を変えることができるのならともかく、変革のために周囲との軋轢《あつれき》を生むばかりでは、反感を買って本来の仕事ができなくなってしまいます。それは生産的ではないと思うなら、自分が矛《ほこ》を収めるよりしかたありません。

「ものは考えよう」と言うように、古い慣習に一応は従いながらも、そこから自分にプラスになるようなことを学び取っていけばいいのです。

職員たちとフェース・ツー・フェースで話し合う

副知事時代の三年間を振り返ると、初めのうちは県庁幹部の気心も知れず、何から手をつけていいかわかりませんでした。まったくの試行錯誤から始まったため、できたことよりもできなかったことのほうが多かったと思います。

成果としてかたちになったものも、自分一人の力でできたわけではなく、たくさんの人の助力あってのことでした。

それでも、私なりに県民の声を県政に反映させるために言うべきことを言い、やるべきことをやるよう努力したつもりです。

たとえば、私には埼玉県を男女共同参画の進んだ県にしたいという思いがあったので、副知事に着任して間もなく、県庁の課長補佐クラス以上の女性管理職全員をメンバーとする勉強会を始めました。

事務系、技術系、研究所などの出先機関なども含めて約四〇人のメンバーでスタートし、その後は毎年七、八人ずつ増えていきました。

勉強会は毎月一回、勤務時間終了後に二時間ほど行ないました。各人が抱えている仕事上の課題を発表したり、県庁幹部の話を聞いたり、中央省庁や大学から講師を招いたり、年に一度、市町村の女性管理職と交流の機会をもったりと、プログラムは多彩で充実していました。

メンバーは皆、真面目で有能な女性ばかりで、与えられた業務をしっかりこなしていましたが、組織全体のなかで自分の仕事の位置づけを考えることや、県民のために何をすべきかを発想しアピールすることには慣れていませんでした。

その意味で、この勉強会は彼女たちが他の部局の仕事を知り、人前で自らの仕事をアピールする良い訓練の場になったと思います。私も、女性職員たちと直接話し合い、彼女たちの仕事や抱えている問題を知ることができました。

この勉強会を通じてできた女性職員のネットワークは、一九九六年に開催された「世界女性みらい会議」の際、ワークショップを行なう団体やグループの世話役となり、大きな力を発揮することとなったのです。

❖副知事時代に広がった新しい世界

副知事時代の私は、県庁内外の人たちが女性に対する固定観念を少しでも変えるように努めました。

「控えめで自分の意見は言わず、謙遜《けんそん》し、卑下し、男性を立てるのが賢い女性だ」というイメージを払拭《ふっしょく》するために、さまざまな会議や会合で自分の考えをできるだけ率直に発信するようにしたので、「遠慮せずに言いたいことを言う」「生意気だ」と思う人もいたかもしれません。

女性副知事が自らの評判を良くするために男性たちの機嫌をとり結ぶ姿を見たら、後進の女性はがっかりしてしまいますから、それはしかたのないことでした。

女性だから、若いから、経験不足だから、ポジションが下だから、などという理由で過剰に謙遜したり自分を卑下したりするのは、かえって自分の価値を落とすことになります。また、意見があるのに言わないのは、保身第一の態度として周囲に受け取られかねません。

性や年齢、経験などに対する固定観念を自分で打ち破り、堂々と仕事をしていくことが大事だと思っています。

こうして三年間、副知事という仕事を通じて改めて発見したことは多々あります。たとえば、霞ヶ関で仕事をしていた時には見えなかった地方行政や地方自治の現実に触れたことは、大きな収穫でした。一部の人は、どのボタンをおせば行政は動くと知っていますが、そうでない大多数の納税者は行政に働きかけるすべさえ知りません。

地方が住民の要望を受けて中央に政策を提言するパイプを、もっと広げなければならないと痛感しましたし、真面目に働き税金を納めている人たちの声が行政に反映されるようなパイプをつくらなければならない、とも感じました。

未知の世界への挑戦は、自分の世界を急速に広げ、新たな可能性を示唆してくれます。それを経験できたことは、望外の幸せだったと感じています。

人生はチャレンジの連続だから

「無用の学」と「有用の学」

埼玉県副知事の職を離れた一九九八年、私は在オーストラリア連邦ブリスベン日本国総領事に任命され、二〇〇〇年まで在外公館のトップとして現地で過ごしました。

初の女性総領事ということで、オーストラリアの人々は大歓迎してくださり、何度も大きく現地のマスコミに取り上げられたり、数多くの講演などに招かれたりしました。

海外に出ると、いやおうなく日本人としてのアイデンティティを意識するようになります。

私は子供の頃から文学や歴史が大好きで、大学も文学部でしたし、私生活では短歌を趣味としてきましたが、それは省庁の職務には直接役立っていませんでした。いわば「無用の学」だったわけです。

ところが総領事時代には、仕事のことよりもむしろ、日本の社会や家族のありかた、文学作品や歴史について質問を受けたり、意見を求められたりすることが多く、そうした「無用の学」が意外と役に立ったのです。どのようなジャンルの学問であれ趣味であれ、コツコツ続けていればいずれ役立つことがあるのだな、と感じたものでした。

帰国の際には外国人として初の名誉大使に任じられ、二〇〇一年二月にはクイーンズランド工科大学から名誉博士号を授与されました。

私は、これからの時代に女性がしっかり自立していくためには、職業の分野で通用する能力を身につけ、科学技術を理解し、使いこなすことが必要だと思っています。実務理工系の学問は、私の好きな文学や歴史とは対極にあるものかもしれません。実務に直接役立つかどうかという点では、「有用の学」と言えるでしょう。

しかし日本の場合、残念ながら理工系の大学に進学する女性は相変わらず少なく、文学部、教育学部、社会学部などの文科系に進む人が大半を占めています。以前に比べて法律や経済の分野に進む女性も増えてきましたが、とにかく文科系に進む人が圧倒的多数です。

その理由も、親や教師から、

「女の子は文系に進むのが無難」

と言われたとか、

「理工系は勉強が大変そう」

といったものが多く、私が高校生の頃の意識とそれほど変わっていないようです。

けれど、女性が手に職をつけ経済力を身につけるためには、もっともっと科学技術系の分野に進むべきだと、自分の経験からも思うのです。男の子の理科系離れが問題になっているだけに女性にはチャンスです。

科学技術は、核兵器に象徴されるように非人間的な方向へ暴走する危険性もはらんでいます。それに歯止めをかけるためにも、生活者のセンスをもった若い世代の女性たちに科学技術への興味をもってもらい、技術を開発したり、ものをつくったりする側に入っていってほしいと願っています。

❖「時よ止まれ」と思うほど充実した日々

二〇〇一年にオーストラリアから帰国した私は、「室」から「局」に格上げされた内閣府男女共同参画局の初代局長として働くことになりました。

待機児童ゼロ作戦などを柱とする「仕事と子育て両立支援策」や、二〇二〇年にあらゆる分野の指導的地位に女性を三〇パーセント就けるという「女性のチャレンジ支援策」「アフガニスタンの女性支援」「税、年金、雇用制度の影響評価」など多くの仕事をさせていただき、その頃の私の毎日は三四年の公務員生活のなかでも最も充実していました。

二〇二〇年までにあらゆる分野で女性を三〇パーセントにという「女性のチャレンジ支援策」は、二〇〇四年の四月に小泉純一郎内閣の「二〇〇四年骨太の方針」に盛り込まれました。

国会や一部のマスコミからは、ジェンダーフリー批判などが出されていましたが、私は「男女共同参画は民主主義社会の不可欠の柱」と信じていましたし、五月にノルウェーの首相が来日した際に開催された二国間シンポジウムでは、官房長官だった福田康夫氏が、

「男女共同参画のアクセルを踏んでもブレーキは踏まない」

と断言してくださいました。

理解のある上司と有能で意欲のある部下に恵まれ、仕事にも恵まれ、私は、

「このまま時間が止まればいいのに」

と思うほど幸福な日々を送っていました。

そんな時、「埼玉県知事選挙に出馬しないか」という話が舞い込んだのです。

❖保身のためにチャレンジ精神を失ってはいけない

実は、埼玉県の副知事を務める以前から、何度か国会議員や知事・市長選挙に出馬しないかというお話をいただいたことがあったのですが、私は公務員として働くほうが国や社会に直接役立つ仕事ができると思い、断り続けてきました。

男女共同参画局長に就任した直後にも、さいたま市長選挙に立候補を要請されましたが、局長の任務を投げ出すわけにいかないとお断りしました。それだけに、局長としてベストを尽くし成果を上げるのが自分の義務と思い、仕事に打ち込んできました。

けれどもいつしか、与えられたチャンスを拒み続ける自分を不甲斐なく感じるようになっていたのです。

「自分にとって居心地のいいポストに、いつまでもしがみついていていいのか」

という疑問も生まれ始めていました。局長ポストも二、三年任期が普通です。

思えば、埼玉県の副知事時代には、

「何とかしなければいけない、自分ならこうするのに」

と思う課題が、男女共同参画に限らず、福祉・教育・環境・行政改革などの分野で多々ありました。

政治のかけひきについて、私は悩みに悩みました。その結果、あえて既成政党の支持を受けず、まったくの無党派として出馬することを決意したのです。出馬にともない、公務員は退官しました。

しかし、八月末に行われた選挙の結果は厳しいものでした。私を支持してくれた人たちは、生まれて初めて選挙活動をする素人ばかり。企業献金や組織献金なしのボランティア選挙でクリーンこのうえもなかったのですが、七〇〇万人の県民に私のことを知ってもらうには時間が足りず、そのための組織もありませんでした。多くの人から、政党支持を断って出馬するなんて無謀だと批判されました。期待に応えられなかった自分が本当に不甲斐なくみえました。また自分の未来の可能性も夢もすべて失われたような気がしました。

この経験はつらいものでした。けれど、人は逆風のなかでこそ多くを学ぶことができます。のちに私は『女性の品格』のなかで、

「もてはやされている人に擦り寄らない」

「利害関係のない人にも丁寧に接する」

「不遇な人にも礼を尽くす」

ということを書きましたが、それらはこの間の経験から得たものです。

絶対失敗しない秘訣は、チャレンジしないこと。何もしなければ失敗はありません。でも、成功しても失敗しても、チャレンジする勇気を評価する社会であってほしい、と願わずにはいられません。

教育現場への転身

埼玉県知事選挙が終わって二か月後の二〇〇三年一〇月、私は昭和女子大学の理事になりました。その後、同大学の女性文化研究所所長と生活機構研究科の教授を兼任し、副学長を経て、二〇〇七年四月に学長に就任しました。

現在の私は、昭和女子大学で学生たちの教育を行ないキャリア支援や生涯を通じたキャリア開発を応援し、ＮＰＯ法人「昭和チャイルド&ファミリーセンター」などを通じて子育てを応援し、地域と大学との連携もさぐっています。

いずれも、これまでの仕事で得たさまざまな経験を活かした構想であり、私の志を若い世代の人たちに伝えていく重要な仕事です。

日々、大きなやりがいを感じることができるのは、一所懸命に仕事に向き合ってきたご褒美《ほうび》かもしれません。

これも私を招いてチャンスを与えてくださった方のおかげだということを忘れてはいけません。

生きていれば、嬉しいことも悲しいこともあります。充実の高みにいる時期もあれば、失意のどん底に落ち込む時期もあります。災いと幸いは、転変きわまりないものです。

「だから人生は面白い」と私は思います。

やる気さえ失わなければ、新たな世界にチャレンジする機会は必ず巡ってきます。

失敗や挫折を経験しても、それで人生は終わらないのです。

第二章

自分の磨き方、活かし方

自分探しの前にやるべきことが

人間として大事な三つの力とは

私たちが社会のなかできちんと生きていくためには、次の三つの力が必要不可欠です。

一つ目は、職業に就く力。これは単に就職するだけではなく、仕事をきちんと続け、稼いでいく力のことです。

二つ目は、生活をする力。これは男女を問わず、炊事、洗濯、掃除など身の回りのことが自分ででき、きちんと自分を律することができるという、生活者としての能力です。いくら仕事ができても健康な食事をとる知恵さえなくては、生活者としての能力に欠ける、と言われてもしかたありません。

三つ目は、コミュニケーション能力です。『女性の品格』にも書きましたが、挨拶がきちんとできる、敬語を正しく使える、感謝の言葉がすぐに出る、人の悪口を言わない、ユーモアを解するなど、コミュニケーション能力の基本となることは多々あり

■人間として大事な３つの力

① 職業に就く力

職業に就くだけではなく、仕事をきちんと続け、稼いでいく力

② 生活をする力

炊事、洗濯、掃除など身の回りのことを自分でする力

③ コミュニケーション能力

自分の意見をしっかりともち、それを的確な言葉で人に伝え、理解してもらう力

ます。なかでも仕事をしていくうえでは、自分の意見をしっかりともち、それを的確な言葉で人に伝え、理解してもらう力が非常に重要になってきます。

これら三つの力は、社会に出てから養うものではありません。親が家庭で子供にしっかりと教えるものだと私は思っているのですが、今やこの三つの力に欠ける若者が大量生産されつつあるのではないか、という気がしています。

とりわけ、最初の「職業に就く力」が欠けている人は多いようです。私が心配なのは、若い人たちに〝人生から降りてしまっている人〟が増えてきていることです。

「どうせ自分は勉強が好きではないから、いい学校を目指せない。いい学校を出なければ、いい職にも就けない」

「私なんか不美人だから」

と思い込み、自分で自分の力を見限って、今より少しでも良くなろうと努力することをやめてしまっているのが気がかりです。

〝玉の輿《こし》願望〟や〝逆玉願望〟はもう時代遅れ

「自分は仕事一筋のキャリアウーマンにはなりたくないが、そうかといって時給八〇〇円のアルバイトはしたくない。いい主婦になりたいというほど家事は好きではないけれど、収入の多い男性と結婚して生活させてもらえば一生安泰かな」

〝人生から降りてしまっている女性〟のなかには、こう思っている人も見受けられます。〝玉の輿《こし》願望〟とか〝シンデレラ願望〟とか言われるこうした発想は、人間としての品格に欠けると言わざるを得ないでしょう。

女子大学の学長として学生と触れ合う機会の多い私が、自分で努力せず人に期待する若い女性たちにいちばん言いたいのは、品格のある人間になってほしい、ということです。

具体的に言えば、人に頼らず自分できちんとものごとを考え、判断し、行動することです。また、自分で決断したことには責任をもち、うまくいかない時でも耐える強さをもつことも大事です。

人間の品格、つまり基礎がしっかりしていれば、そのうえでスキルや知識を身につけて伸びることができ、誇りをもって生きていけると思うのですが、その根っこのところがきちんとしていないと、玉の輿願望の女性のように、生き方そのものがどこかあやふやになってしまいます。

これは女性に限ったことではありません。〝逆玉願望〟と言われるように、男性のなかにも「親の資産や収入の多い女性と結婚して楽をしよう」と考えている人がいます。

しかし、玉の輿にしろ逆玉にしろ、こうした願いをもつことができたのは過去のこと。結婚は生涯一度だけで離婚などせず、働く人たちは終身雇用制に守られて一生食べるに困らない、と考えられていた時代のことです。

離婚やリストラによる失業が珍しくなくなった現在では、男女を問わず、高収入の相手と結婚して内助の功を行なうよりも、自分自身が能力を磨いてしっかり働くほうがトータルな生涯収入が多くなり、安定した生活を送れる可能性が高くなっています。

どちらか一方の経済力に依存するよりも、夫婦が互いに能力を発揮するのを助け合っていくほうが、よほど楽しく充実した人生を送れるのではないでしょうか。

〝自分探し〟の迷路に入り込まないように

今の若い人たちは昔に比べると自由で、さまざまな制約に縛られなくなっています。

「女らしくしなさい、男らしくしなさい」という抑圧は少なくなりましたし、「こんな仕事をしてはいけない」とか、「海外で仕事をするなんてとんでもない」などと言われることもあまりなくなり、人生の進路に関する選択肢は広がっています。

ところが、たくさんある選択肢のなかから、

「何でも好きなことをしなさい」

と言われると、

「さて、自分の好きなことは何だろう」

となりがちです。

これは、小さい頃から職業に就く力や生活をする力がしっかりと養われてこなかったせいではないか、と思います。そのように育ったとしても、高度経済成長時代からバブル経済の頃までであれば、特別に「好きな仕事」でなくても教師や学校のアドバイスに従って就職すれば会社が教育してくれました。

やりたいことがありすぎて迷ってしまうというよりは、自分の仕事や人生について真剣に考える機会がほとんどなかったため、

「自分にはこういう仕事が向いている」

「自分にはこういう力がある」
という自信がなかなかもてないのです。そのため、
「自分には何ができるのだろう」
と〝自分探し〟を始めてしまう傾向があります。ニートやフリーターが増えているのも、そのせいかもしれません。

〝自分探し〟という言葉は、なにやら魅力的で耳に心地よく聞こえますが、大半は出口のない迷路のようなものです。

あとで述べますが、〝自分探し〟はまず仕事と真正面から向きあい揉《も》まれながらしていくべきで、仕事に就く前にこの迷路に入り込んでしまうと、なかなか厳しい現実の世界に戻ることができなくなってしまいます。気がついたら、ただ年齢を重ねていただけだった、ということにもなりかねません。

それでも大半の男性は「とにかく稼がなければ」というプレッシャーにさらされるため、前に進まざるを得ないのが現実ですが、女性の場合は「稼がなければ」というプレッシャーが男性のように強くありません。いまだに〝玉の輿願望〟の若い女性が少なからずいるのは、そのせいではないかという気がします。

❖偏差値では測れない「学び」が生きる力を養う

私は以前、男の子をもつお母さんたちを批判していたことがありました。

「男の子は勉強さえしていればいい。自分の部屋の片付けも食事も洗濯もしなくていい！」

という考え方のお母さんが多かったからです。

最近では、進学実績の良い学校に娘を進ませようとする親が多くなっているため、女の子でも「勉強さえしていればいい」と考える母親が増えているようです。

しかし、これでは「人間として大事な三つの力」は養えません。

いくら有名校を卒業しても、ちょっとした挫折やプレッシャーですぐに仕事を辞めてしまうようではお話になりませんし、生活者としての基本的な能力が身に付いていなければ、社会に出てから「だらしがない」「依存的だ」などと言われてしまいます。そうした人が、周囲と良好な人間関係を築けるとも思えません。

男の子であれ女の子であれ、人間として大事な三つの能力を、親は当たり前のこととして子供が小さいうちから身に付けさせておくべきです。「勉強さえしていればいい」という考えには、大きな問題があると思います。母親自身が能力を発揮する機会がなく、子供の世話をするのが生きがいというケースもあります。

子供が成長して社会人として生きていくために必要な三つの能力は、日々の生活で出会う「学び」の積み重ねによって培われるものです。

「学び」とは、前にはできなかったことができるようになる、知らないことを知る、ということです。

たとえば、小さい子供は、花や虫の名前を覚え始めると得意になってそれを親に教えたがります。靴紐を結べるようになると自慢げに何度もやって見せたりします。

このように、「学び」とは本来とても楽しいもののはずです。しかし今、その楽しさを知らない若者が増えているような気がします。

将来のために学歴をつけることも必要ですが、それ以上に「学ぶことは楽しい」と知ることが大切です。「学び」の楽しさを知れば、仕事や人生はより充実したものになるはずです。

適職に巡り合う〝自分磨き〟を

❖適職願望はほどほどに

「自分の個性と能力に合った仕事がしたい」
「適性を活かした仕事がしたい」

と若い人が考えるのもわかります。しかし、個性や能力を発揮し適性を活かせる職場など、初めからあるはずはないのが現実です。自分に適した仕事や自分の能力というのは、よそで発見したり養われたりするのではなく、目の前にある仕事をきちんとやることから磨かれていくのです。

個性を発揮する前に基礎力を付けることが肝心――。これは、若い人たちに伝えたい大きなメッセージの一つです。

ルーティンワークもきちんとこなせないうちから、「こんなつまらない仕事は自分には向かない」というような人は、職場でもてあまされることが多いものです。

仕事というのは、雑多な要素がゴチャ混ぜになっています。スマートで、かっこいい部分はほんの少しで、大部分は泥くさい体力勝負の単純作業。人間関係にもいろいろと気を遣わなければなりません。

また、仕事には根回しや内部調整や前例の踏襲といったものが必ずついて回ります。「くだらない」と感じても、その〝くだらなさ〟を抜きには何もできないことが多いのです。仕事のうち、かっこいいのは氷山の一角、海面下でなすべきことが大部分です。

自分に適した仕事に就きたいという願望そのものは、決して悪いことではありませんが、あくまでも「与えられた仕事をきちんとこなすこと」が前提です。まずは足元を固め、あなたの適職願望が、ただの夢物語に終わってしまわないようにしましょう。

好きな仕事こそ適職

本当に自分がその仕事に向いているかどうかは、実際にやってみなければわかりません。

初めは食わず嫌いで避けていた仕事でも、やってみると意外と自分に向いていた、という場合もあります。逆に、冷静に将来を考えたうえで自分の適性に合うと思って選んだ仕事でも、いざ就いてみると予想と違っていた、ということもあります。

人間は未来を予測できないのですから、仕事にも当たり外れは常にあるものです。「好きで選んだ仕事なのだから」と思うことができれば、見込みが外れてもそれなりに納得できますし、困難にぶつかった時でも「好きだから」ということが大きな支えになります。「好きこそものの上手なれ」で、成果も上がりやすいものです。

その意味で、適職とは自分が好きな仕事である、と言えるかもしれません。

むろん、全体としては好きな仕事であっても「これはつまらないな」と感じる部分は必ずついて回りますが、「つまらない仕事も辞せず」という積極的な姿勢がないと先へ進めません。

そうするうちに働くことに対して意欲が湧き、自信もついてくるようになり、理解ある上司や良い仲間との巡り合いがあります。

企画と経理、本当の花形ポジションはどっち？

学生が就職を考える時、企画や広報などのように一見華やかなセクションに目を奪われがちです。

けれど、企業のなかで本当に力をもっているのは営業や経理や財務です。そこできちんとした仕事ができる人が、企業にとってはなくてはならない人材です。

これはすなわち、お金を使う仕事は華やかに見えるけれど、お金を稼いだり管理する仕事のほうが企業にとってはずっと大事だ、ということです。会社という組織は、脚光を浴びる部署よりもむしろ、縁の下の力持ち的な部署によって成り立っているのです。

若い頃には、そういう世の中の仕組みがまだよくわかっていないので、華やかなセクションに進もうとしがちです。

しかし、自分の適性にマッチしない派手な仕事ばかりに目が行き、そのせいで逆に自分の可能性を狭めている人もけっこう多いように見受けられます。

親や教師は、会社という組織の仕組みや経済の仕組みについての知識を、もっと若い人たちに伝えなければならないと思います。世の中に出て役に立つのは、英会話やプレゼンテーションなどの能力だけでなく、地味だと思われている会計や事務の能力なのだということを、しっかりと教えておくべきでしょう。

また、

「自分は目立たなくても、組織全体のためなら、縁の下の力持ちになることを厭《いと》わない」

という古きよき日本の伝統も、伝えていかなければいけないと思っています。今はそういう人が少なくなり、

「表舞台で自分自身が目立たなければ面白くない」

と、なりふり構わず自分をアピールするような人が増えました。

その姿は、端《はた》から見ていてあまり美しくありません。

企業に育ててもらう時代から、自分で自分を育てる時代に

いわゆる日本的経営といわれる典型的な日本の企業は、採用してから人材を教育し養成してきました。

男性社員については、若手を本気で育成しなければ企業の明日はないというコンセンサスがありましたから、上司や先輩が新人をＯＪＴ（オン・ザ・ジョブ・トレーニング、日常業務を通じた教育訓練）で鍛えていました。企業がイニシアチブをとった

キャリア養成であり、キャリア開発だったわけです。

一方、女性社員は、残念ながら将来の幹部候補として育てる対象になっていませんでした。採用の時は女性のほうが総じて優秀なのですが、幹部候補として責任ある仕事をさせてもらえないため経験を積んで成長することができず、入社して五、六年もすると輝きが失せてしまい、やがて仕事がつまらなくなって家庭に入る、という悪循環が続いていました。

一九八五年に男女雇用機会均等法が施行されてからも、日本の企業は女性を活用して能力をしっかりと発揮してもらおうとは、あまり考えていないようでした。均等法ができたから女性を採ってはみたが、どうしていいかわからず遠巻きに眺め、

「どうせすぐに辞めてしまうだろう」

と、本気で接していなかったようです。

ですから、企業における女性の活用は、現状としてはまだまだ中途半端です。

ただ、今は昔とは違って、男性であっても最後まで面倒をみて育てる企業が非常に少なくなっています。女性も男性も、これからは自分で自分を育てていかなくてはなりません。

キャリアも人生も、自分で開拓していく時代になってきているのです。

実力アップのための自己投資は身銭を切って

自分でキャリアと人生を切り拓いていくとなれば、「どういう人生を歩みたいか」を真剣に考えて自分に投資し、自分を成長させることが非常に重要になってきます。

企業が利益を上げるために投資をするのと同じように、働く側も、職場で成功するために自分に投資するのです。身銭を切って勉強するのです。

若い社会人がよく口にする不満として、

「自分の実力を発揮する場がない」

ということがありますが、不満を言う前に、自分にはどんな〝実力〟があるのかを考えてみましょう。大学で優秀な成績をとっていたからといって、必ずしも〝実力派〟ではありません。仕事で役に立つ〝実力〟というのは、職業に就いたあとに自分で努力して身に付けるものなのです。そのためのお金を惜しんではいけません。

インターネットやテレビなどを利用して勉強するのも一つの方法ですが、とかく無料の勉強というのは長続きしないもので、よほど意志が強い人でないと、ついサボってしまいがちです。その点、何がしかの授業料を払っていれば「もったいない」と考えますから身の入れようが違います。

会社によっては勉強のための費用を出してくれるところもあるので、それを利用するのもいいでしょう。ただし、自分をレベルアップするためのイニシアチブは、あくまでも自分がもつようにしましょう。何もかも会社丸抱えで面倒みてもらおうというのは、さもしい考えです。

ちなみにアメリカでは、男女とも教育訓練は自分の責任とお金で行なうのが原則です。働きながら学ぶだけでなく、仕事を辞めて大学や大学院へ入り直す人もいます。自己研鑽を積んでレベルアップしようとする人は頭が良くて覇気があるとみなされ、また、大学や大学院ではすぐ世の中の役に立つ知識を身につけられるからです。そして、その実力を評価する会社が高く買ってくれる仕組みになっています。

会社の外でも通用するのが本当の実力

私は、ダイバーシティ（diversity：多様性）の研究を専門にしています。

ダイバーシティとは、ひとことで言えば「多様な人材を活かす戦略」です。企業や社会における従来のスタンダードにとらわれず、年齢、性、国籍、身体的特徴、価値観、発想などの違いを、個々人がもつ多様性として肯定的に受け止め、その多様な力を発揮できる組織のあり方やマネジメントのしかたを考え、個人の幸福と企業の成長につなげようとすることです。

ダイバーシティのメリットは、企業にとっては優秀な人材の確保、グローバル化への対応、市場ニーズに応じた商品やサービスの開発などを図れることです。

個人にとってのメリットは、自らの価値観によって働き方を選択し、決定できる点にあります。それは、ひいては自分らしい生き方ができるということです。

日本でも、多くの企業がダイバーシティの推進を重要な人材戦略の一つと位置付けており、女性の戦力化や外国人の採用など、多様な人材活用に取り組んでいます。

このようにチャンスが広がるなかで求められるのは、各人が自分に自信をもち、自分の可能性にチャレンジしていく姿勢です。その意味でも、もっと自分に投資して自己開発をし、今の会社の外でも通用する力を身に付けて、自分の価値を高めていく必要があります。

ステップアップをしていこうと考えるなら、充分な装備をして臨みましょう。

チャンスが何度もある社会だからこそ、足元を固める

私が若い頃の日本では、すべてについて「チャンスは一回きりしかない」という考え方に基づいて社会が成り立っていました。

たとえば、大学で学ぶ機会は一八歳くらいから二十代初めまでの一回限り、女性の結婚のチャンスも「適齢期」と呼ばれた人生の一時期だけでした。

仕事に関しても、一生続けられるような職場に入るチャンスは新卒の時しかなく、その後の人生は、たった一回のチャンスが自分に与えてくれた職場で定年まで過ごすのが当時の一般的な生き方でした。

また、当時の日本では転職はきわめて不利なことだと考えられていたため、いったん就職したら、どんなに悔しいことや情けないことがあっても職場を辞めず、一〇年、二〇年、三〇年と一つの企業に勤続する人がほとんどでした。

しかしその後、社会の価値基準が変わるとともに、昔は当たり前とされていた「チャンスは一回だけ」という考え方も、少しずつ変わってきました。

平均寿命が延びた現在では、大学教育を受ける機会は年齢を問わず何回でもあるべきだと考えられるようになり、ＯＥＣＤ（経済協力開発機構）が提唱した「リカレン

ト（recurrent：繰り返す・循環する）教育」の必要性が認識されてきています。これは、従来の教育が学校から社会へという一方向で動いていたのに対して、一度社会に出た人が再入学し、学校教育と社会を交互に行き来することです。

女性の結婚に関しても、「適齢期」というプレッシャーはかなり弱まりました。離婚・再婚も増えています。

仕事についても、企業はこれまでの終身雇用や年功序列といったシステムが維持できなくなっており、四五歳定年や昇給のストップなど、いろいろなリストラ策を講じています。また、部署の統廃合、業務のアウトソーシング（外部委託）、人材派遣など非正規雇用の社員の活用などで経営のスリム化も図っています。

こうした状況下では、働く側の意識も根本的に見直しを迫られます。かつては大きなリスクをともなうと考えられていた転職、転社、独立は、すでに珍しいことではなくなりましたし、それを奨励する雰囲気もできてきています。その意味で日本は、「チャンスが何度もある社会」に変わりつつあります。

このように、社会というのはどんどん変わっていきます。変動する社会に適応していかなければならない若い人たちは、過去の先入観にとらわれることなく世の中の変化の状況について、できるだけ多くの情報を集める必要があります。

単に知識を増やすだけでなく、自分自身の生き方を真剣に考えておかなければなりません。生き方の基礎がしっかりと定まっていないと、何度も訪れるチャンスの波のなかから、最良の波を見極めることは難しくなります。

自分を高める仕事術を修得する

❖職場への違和感に負けないで

社会に出たての頃は、新しい環境になかなか馴染めず、違和感を覚えるものです。

私の場合もそうでした。社会人としての第一歩は、

「公務員になるならはじめから法学部に入っていたほうが良かった」

という後悔から始まりましたし、当時は女性であるということが大きなハンデにもなりました。東大卒の女性ということで、周囲が自分を珍しがり、遠巻きにしてお手並み拝見と見ている雰囲気を感じたこともありました。

ただ、それで仕事がやりにくいと感じたことはありません。とにかく仕事をこなす

ことに無我夢中だったので、そんなことを気にする余裕はなかったのです。

職場を離れた外の世界でも、若い頃は公務員というレッテルを貼られることが多く、

「私はぜんぜん公務員らしくないんだけどなあ」

と、とても違和感がありました。人からどんなレッテルを貼られても、職業というのは自分の経歴の一つであり、自分自身を否定することはできない、と思えるようになったのはかなりあとのことです。

若い頃の私は「公務員と自分とはミスマッチだな」と思っていました。

たとえば、霞ヶ関では各省庁の意思や利益が最優先されていて、それに対して疑問をもつ人はあまりいません。なかにいる人たちは皆、大真面目で、

「正義は我にあり」

と思って組織の意思や利益のために仕事をしています。また自分たちがいちばん政策や社会のことを知っていると自信をもっていました。そういう空気に馴染むことが、私にはなかなかできませんでした。それが「公務員らしくない」という自己評価に結びついていました。

このように、皆が組織の目的に同一化するのは民間企業でも同じです。社員はそれこそ企業利益のために働いているわけですから、公務員以上に同一化の度合いが強いかもしれません。

また、組織のなかでは往々にして、肩書きや経歴で人をランク付けするようなことが起こります。この点でも私には違和感がありました。

特に新人の頃は、気乗りのしない地味な仕事を与えられることが多いのですが、そういう仕事ほど、やる気のなさが現れやすい。俗な言い方をすれば「ボロを出しやすい」わけです。

新人がそのような失態を演じれば、仕事上の肩書きや経歴がないだけに厳しい目で見られ、どんな可能性があろうと「使いものにならない」と決め付けられてしまうこともあります。

そのようなことがないよう、くれぐれも怠りのないように準備しなければいけません。また、そうして仕事に全力投球することによって、徐々に自分自身の実績を上げていくこともできるのです。

二十代は仕事で揉まれながら〝自分探し〟をする時期

就職しても、職場への違和感からすぐに会社を辞めてしまう人がいます。

体力的にも能力的にも周囲にまったくついていけず、これ以上頑張ったら肉体的、精神的な健康を害してしまう、というのなら話は別ですが、多少の違和感は誰でも経験することなので、自分自身のなかで解決して乗り越えていくしかありません。

時には妥協も必要です。第一章で述べた埼玉県副知事時代のエピソードのように、組織には無駄に思える慣習もありますが、

「郷《ごう》に入《い》っては郷に従え」

と言われるように、とりあえず新人の頃はそれに従っておき、無用の軋轢《あつれき》を生まないほうが、スムーズにいきます。

ただし、妥協と諦めとは違います。自分ができる範囲の小さなことから変えていき、やがて本当の実力がついた時に古い体制を自分で打ち破っていこう、という気概や展望をもつことも忘れないでください。

「まあ、しかたない」

と思って妥協しているうちに、自分の初心、つまり、ほんとは何をしたかったの

か、を忘れてしまう人がたくさんいます。

どんな職種でも、自分が属する組織への不平不満はいくらでも出てくると思いますが、

「自分はその組織が上げた利益からお給料をもらっているのだ」

と考えれば、

「言いたいことばかり言っているだけでいいのか」

という自己反省も生まれてくるはずです。もらうものだけもらって、あとは勝手なことを言いたい放題、というのでは、社会人としての品性を疑われてもしかたありません。

二十代という時期は、さまざまな違和感を感じながら仕事で揉まれるなかで、

「自分は何者なのか、今の自分にできることは何なのか、やるべきことは何なのか」

という〝自分探し〟を懸命にしていく試行錯誤の時代なのです。

❖二十代の試行錯誤は三十代、四十代の仕事で花開く

試行錯誤の時期を乗り越えて三十代になると、少し余裕をもって仕事について考え

られるようになります。

「自分にはこういう仕事ができるんだ」

という手ごたえも感じるようになるはずです。

三十代というのは、だんだん自分の仕事に自信がもてるようになり、

「この仕事は好きだ、この仕事はあまり得意ではない」

ということもわかってくる時期です。自分の強みを自覚できるのと同時に限界もわかってくるので、そこからさらに自分の得意なものを深めていき、個人的な能力に磨きをかけていくこともできます。

その先の四十代ぐらいからは、管理職としてチームプレーを引っ張っていく立場になるのが一般的です。

強くて質の高いチームをつくって成果を上げていくためには、それまでとはまた違う努力が求められますが、自分が得意とすることで能力を発揮し、不得意なことは部下にやってもらうことができるので、非常に良い立場になります。

私の場合も、三〇歳を少し超えた頃に『婦人の現状と施策』という白書を書き上げて仕事に自信をもてるようになり、四〇歳の少し手前から管理職として優秀な部下と

ともに、チームでバリバリ仕事をするようになりました。けれど、そうなるまでの二十代の頃は、ずっと「私は公務員世界で通用する人間なのか」と不安でした。

若い人から見ると、管理職としてバリバリ仕事をしている先輩は新人の頃から順調に人生を歩んできているように思えるかもしれませんが、決してそんなことはありません。皆、二十代の頃に幾度も壁にぶつかっているのです。

そういう時期があったからこそ、能力や適性を花開かせることもできるのです。

前例のない仕事は、逃げずに引き受けるべし

組織にいると、時として思いがけず、それまでなかった新しい仕事やポストに就かないか、と打診されることがあります。

「前例のない仕事をこなせるかどうか」

と、失敗した時のダメージを考えて迷ってしまう人は多いと思いますが、リスクのないチャンスなどありません。失敗を恐れてチャンスを逃すのはもったいない話。思い切ってチャレンジすべきです。

社長か重役は確実と言われるエリート候補なら、リスクを避けるのも一つの生き方

かもしれませんが、誰もが認めるエリート候補というのはごく少数です。大半は〝非エリート候補〟なのですから、仮に失敗しても失うものは大きくありません。特に女性は、本命と見られることはありません。

前例のない仕事をすれば注目され、成功すれば新しい展望が開けます。斬新《ざんしん》なアイデアを実行したり、意味のない慣例を打ち破ったりすることも可能なので、職場に新風を吹き込むことになるかもしれません。

仕事で成功している人は、決してリスクから逃げず、果敢にチャレンジして不安や迷いを乗り越えています。

組織内の評価が低い仕事でも張り切ろう

前例のない仕事やポストというのは、まだ組織内での評価が定まっていないので、周囲から低く思われることもあります。

けれど、たとえ自分が就くことになった仕事の評価が組織内で低くても、自信を失う必要はありません。組織のなかの価値基準に自分自身の価値観が左右されてしまうのは、バカバカしい話です。

花形と言われるような仕事を与えられると大いに張り切るのに、そうでない仕事だと、

「貧乏くじを引かされた」

と、たちまちやる気をなくしてしまう人がいますが、それでは子供っぽい未熟な人間とみなされます。少なくとも、

「どんなポストでも全力投球します」

というのがマナーです。

逆に、他の人がくさってしまうような仕事でも不満を表に出さず、一所懸命に取り組んでいる人に対しては、周囲の目は温かいものです。

口さがない同期から、

「たいした仕事じゃないのによく頑張るねえ」

などと言われても、落ち込むことはありません。あなたの人柄や行動をしっかりと見ている上司や先輩が、何かとバックアップしてくれるはずですので、そんな中傷はいつの間にか消えてしまうでしょう。

周囲の言葉に惑わされて自分の仕事を、

「どうせ重要じゃない」

と考えるより、

「よくぞこの自分を抜擢《ばってき》してくれた」

と、張り切って仕事をしてください。そのほうが組織にとって好ましいということもありますが、何よりも、自分自身の精神衛生にプラスになります。

私たちは聖人君子ではありませんから、

「どんな仕事でも一所懸命やりましょう」

と言われても、なかなかそうはいきません。ですから、なんとかして自分を鼓舞するきっかけを見つけなければなりません。

「自分はまだ経験が浅いのに、前例のない仕事を与えてもらってラッキーだ」

というポジティブな考え方は、自分を励ます良いきっかけになりますし、バリバリ仕事をして潜在能力を開花させることにもつながっていきます。

その意味では、「おめでたい人」と言われるくらいのほうが、むしろ長期的には成果を上げやすい、と言えるでしょう。

❖配置転換は新たな自分発見の好機

一つの部署に根を下ろし、その部署や仕事に愛着を感じて自信もできてきた人にとって、配置転換を命じられることはつらく悲しいものです。

なかには、配置転換をいやがって泣きごとを言う人や、上司を逆恨みする人もいます。それまで自分が築いてきたものが無駄になると感じるからなのかもしれませんが、人事異動は組織人の宿命です。

確かに、

「長年いる部署のほうが気楽でいいわ」

「課長だって僕に聞かなければわからないんだから」

などと考えがちですし、一つの専門性をもったほうが働きやすいのも事実です。けれど、ずっと同じ部署に居続けることは、仕事に対する緊張感を失わせ、視野を狭くさせるリスクもはらんでいます。

その点、新しい部署に行けば人脈や仕事の守備範囲が広がり、自分はこういう仕事もできるとわかります。ある程度のキャリアを積んだ人でも、自分には何がいちばん向いているかは、わかっているようでわかっていないもので、いろいろな仕事を経験するうちに自分の才能と出合い、発見する場合が多いのです。

また、視野が広がることで仕事に対する考え方も柔軟になっていきます。異動になった部署で新しい人間関係をつくり上げていく気苦労や、新しい仕事をこなす能力を身に付けていく努力も、自分を鍛えるうえで意味のある経験になるはずです。

将来、専門分野で非常に高度なスペシャリストとなり、フリーランス的な働き方を目指す人はまた別ですが、一つの組織で長く働いてキャリアを積み、ゆくゆくは重要なポジションに就きたいと思っている人は、積極的に配置転換に応じるべきだ、と私は考えています。

一般に配置転換は、三年から五年を一つのめどとして行なわれます。一つの部署に長くいすぎると、どうしてもマンネリになってしまうので、できれば若いうちに二、三の部署を経験し、そのうちに自分の得意分野がわかり、そこをホームグラウンドとしてほかの所へも行く、というかたちが最も理想的だと思います。

年齢が高くなり、一つの部署にいる期間が長くなるほど受け入れ先は減っていき、それにともないキャリア・アップの可能性も少なくなってしまいます。

時間とエネルギーはこう使って

上司に叱られても膨れっ面は厳禁!

上司から叱られた時や仕事にケチをつけられた時、自分の全人格を否定された、自分は好かれていないと拡大解釈して過剰に反応してしまう人は、男女を問わずいるようです。

膨れっ面をして上司に食ってかかったり、周囲に当り散らしたり泣きごとを言ったり、翌日からその上司を避けて口もきかなくなったりと、感情的に反応してしまう人もいます。過剰反応はナイーブでデリケートな証、とも言えるのかもしれませんが、これは仕事のうえではまったくプラスになりません。

「前日に雷を落とされた相手のところへも、翌日にはケロッとしてニコニコと別の話をしに行けるような人は必ず伸びる」

とよく言われます。確かに、そのほうが本人も周囲も、余計なエネルギーを使わなくてすみそうです。

毎日、職場で顔を突き合わせていれば、上司と意見が衝突することもあるでしょう。それはしかたのないことですが、くよくよしたりカッカしたりして、自分だけでなく周囲の人まで不快な気分にさせるのだけはやめましょう。

職場の人間関係には、独特の鉄則があります。それは、

「部下は、上司に対して誉め言葉と感謝の態度が欠かせないが、上司から誉め言葉も感謝の態度も期待してはいけない」

ということです。「そんな理不尽な」と思うかもしれませんが、それが世間というものなのです。

また、組織というのは、その人がどんな人格や識見をもっているかとは関係なく、ポストはポストとして扱うことを要求します。上司は、上司であるがゆえに部下から敬意をもって扱われる権利があり、部下は、部下であるがゆえに上司から軽んぜられるのもやむを得ない――。こう覚悟しておけば、少々のことでは腹も立たなくなるはずです。

「叱られたりケチをつけられたりするのは、それだけ自分に見込みがあるからなんだ。叱られたおかげで自分の仕事も良くなる。お給料をもらって貴重な職業訓練を受

けられるんだから、こんなありがたいことはない」

このように、ポジティブに受け止めればいいのです。

❖"困った上司"の実態を知っておこう

世の中には、一流の人物と、二流、三流の人物がいます。組織のなかで働いていて、いちばんつらいのは、三流の人物が自分の上司になった時でしょう。

前項で述べたように、組織に属している以上は敬意をもって上司に接し、その命令に従わなければならないのですが、その上司の能力や識見が、どう考えてもたいしたことがない場合や、上司が自分の利害だけしか考えていない場合は、いろいろと困ったことが起こります。

本来、ある部署の仕事を統括し、外部に対してその部署の意見や意思を主張するのは上司の任務ですが、現実には部署内をまとめることができない上司や、外部に対して言うべきことを言えない上司がいます。

しかも、そういう非力な上司に限って、人格的にも問題があることが多いのです。

たとえば、自分では何のアイデアも出さず、部下の出した案の些細な点にケチばかりつける人。あるいは、部下の仕事を公平に評価せず、自分に媚《こ》びへつらう男性ばかりに目をかけたり、若い女性ばかり可愛がったりする人。また、上層部からの無理難題を部下に丸投げし、それがうまくいけば手柄を独り占めにしたがり、失敗すれば責任を部下に押し付けるような人もいます。

人間は誰しも完璧ではありませんから、多少の欠点には目をつぶらなくてはなりませんが、こうした上司の下で働かなければならないのは悲劇です。精神衛生上も大いに問題があり、部下の心身症の原因にもなりかねません。

自分の上司の人となりに関してある程度の情報を得ておき、〝困った上司〟には心を乱されないように、それなりの対応をしていく必要があります。

◆三流の上司は適当にあしらうか理性的に反論を

残念ながら日本の組織では、上司の方にどれだけ非があっても、部下がそれに歯向かったり、公に批判したりするのはタブー視されています。

一流の上司ならば、

「部下と喧嘩するのは自分の恥。部下の悪口を言うなどもってのほか」

という見識をもっていますが、三流の上司にはそういう矜持《きょうじ》も美意識もなく、平気で部下と言い争ったり、部下の悪口を外部の人たちに吹聴したりするものです。

これまでの日本では、こうした三流上司とはまともに付き合わないのが得策とされていました。新しい上司に就くことになるまで適当にあしらっておき、たまにお世辞の一つも言っておく、というのがサラリーマンの生活の知恵とされてきたのです。

三流の上司とやり合うのは時間とエネルギーの無駄使いになるうえ、へたに睨《にら》まれて悪口を言いふらされてはかなわない、ということで、こうした安全策がとられてきたわけです。それはそれで、一つの処世術と言えます。

けれど、今の時代には別の対応策もあり得ると思います。あまりにも理不尽な命令を下されたり、仕事の全責任を押し付けられたり、自分の悪口を触れ回られたりした時には、堂々と反論するのも一つの対応でしょう。

「生意気だ」と言われるのを恐れて我慢ばかりせず、冷静に、理性的に、論理的に立ち向かうことが必要な場合もあります。いざという時に毅然とした態度を示すことは、決してマイナスにはなりません。皆がうんざりしている三流上司が相手なら、なおさらです。

ただし、組織のなかでは誰でも自分の身の安全を考えるので、反論する自分を公然と助けてくれる人はいない、と考えておくほうが良いでしょう。

孤独な戦いになるかもしれませんが、堂々とした姿勢を貫いて理性的に対処していけば、何らかの突破口が開ける可能性はありますし、あなたに対する周囲の評価も上がるでしょう。決して感情的にならず、少なくとも、

「あの人はいつも冷静に自分の意見を述べることができる」

と、一目おかれる存在にはなるはずです。

◆時間を上手にやり繰りするのが一流の仕事人

どんな人にも時間は平等に与えられていますが、その使い方は人によって大きく違います。一日の大半が時間の浪費に終わる人もいれば、多くのものを得る人もいます。

また、時間というのは自分の気持ちや対処のしかた次第で伸びたり縮んだりします。皆さんにも経験があると思いますが、勉強でも仕事でも、いやいややっているとはかどらず、張り切って取り組めば短時間でサッと片付くものです。

仕事には、時間をかければかけるほど良い成果が上がるものもあれば、短期決戦で片付けるほうが能率が上がるものもあります。急な問い合わせに対する答えなどは、時間をかけて丹念にやるべきものではなく、いかに早くポイントを押さえた回答をするかが勝負ですが、分析報告書の作成のように、集める情報の広さと深さによって内容がはっきり違ってくる仕事では、実質的な時間をどれだけかけるかが勝負になります。

このように性質の違う仕事に同じように対応するのは、時間とエネルギーの無駄であり、成果も上がりません。もちろん、新人の頃にはどの仕事にも丁寧に取り組むことが大事ですし、それによって周囲の信頼も得られるわけですが、ある程度仕事に慣れてきたら、内容優先か早さ優先かを見極める能力が問われてきます。

たとえば、他のセクションからくる仕事の多くは「超特急で」と持ち込まれますが、実際にはすべてがそうとは限りません。本当に「超特急」のものもあれば、「スピードは準急ぐらいでいいが、しっかりした内容に」というものもあります。

それを見極めたうえで優先順位を決められずに、他人の要求に従って時間を費やしていると、いつまでたっても忙しいだけで成果は上がりません。仕事の成果が上がらないとモチベーションが低下し、やる気も元気も失われていきます。

部下を使うようになると、雑件にばかり時間をとられていては大事な仕事ができなくなってしまうので、日夜、優先順位の判断の連続と言っても過言ではありません。

ですから、自分の部署にとって重要な仕事にかける時間をまず確保してそこから手をつけ、それで時間切れになれば重要度の落ちる仕事はできなくてもしかたがない、という割り切りも必要になります。私の経験から言うと、重要度の落ちる仕事ほど、短時間で効率的に片付けるほうが成果が上がる場合が多いようです。

自分自身で仕事の重要性を判断し、かける時間をコントロールし、メリハリをつけて仕事をしていく――。これが時間を有効活用し、多くの成果を得ていく秘訣です。仕事に振り回されて疲れ切ってしまうか、仕事を整理してよりいっそう元気になるかの分かれ目は時間の使い方にかかっているのです。

『女性の品格』がベストセラーになった理由

私は公務員時代に三二冊の本を書きましたが、大半は固い内容の本だったせいか、売れ行きは良いとは言えませんでした。

それでも、「本を出しませんか」と声をかけてくださる出版社はありました。

公務員としてきちんと仕事をしながら一冊の本を書くというのは、膨大な時間とエネルギーを必要としますが、私は依頼を断らずに、睡眠時間を削ってせっせと書き続けました。もちろん、

「本なんか書く暇があったら仕事に打ち込むべきだ」

と冷ややかに見ていた人もたくさんいました。でも、私にとって本の執筆は、霞ヶ関の外に広がる未知の世界に向けて情報を発信し、自分の考えを世に問うためのチャンスにほかならなかったのです。

「売れなくても本を書くチャンスがあり、自分の考えを表現できること自体が嬉しい。ありがたいことだ」

と達観していましたが、そういうことを長年続けているうち、思いがけず、『女性の品格』がベストセラーになったのです。

これは、さまざまな執筆依頼を断らずに、常にベストを尽くして原稿に取り組んできたおかげだと思っています。努力はいつか報われるのです。

仮に私が、

「執筆活動は公務員としての出世競争ではマイナスだ」

とか、

「必ず一〇万部売れるという見込みがなければ、睡眠時間を削ってまで本など書かない」

と断っていたら、ベストセラーを生むことは絶対になかったでしょう。

チャンスを与えられた時、本当に忙しくてとてもできないなら断らざるを得ないけれど、睡眠時間や遊ぶ時間を削って余力を生み出せるのなら、すぐに成果に結びつきそうもないことであっても、絶対に受けたほうが良い――。自分自身の経験からも、そう思っています。

"短期の利"は二の次、長いスパンで自分のキャリアを考えよう

公務員時代、私には、

「講演をしませんか」

「こういう会合に顔を出しませんか」

といった依頼もよくきました。こういう時の対応は二つあると思います。

一つは、

「先々、自分にとってプラスになりそうだから、忙しい仕事の時間をやり繰りして依頼を引き受けよう」

という選択。

もう一つは、

「今の仕事に直接は役立たないし、時間をやり繰りして引き受けても疲れるだけだから、やめておこう」

という選択です。おそらく、後者を選ぶ人のほうが圧倒的に多いでしょう。

私自身は、講演依頼も勤務時間外にはできる限り引き受けていました。人前で話をするのが苦手だったので、

「場数を踏むうちには上手になるかな」

と思ったからです。

講演の依頼がきた時、

「聴衆が何人以上でないとやりません」

と言う人は多いのですが、私には、

「人前でもっとうまく話ができるようになりたい。講演はそのためのトレーニングになるし、自分の考えを発表する場にもなる」

という気持ちがあったため、少人数の講演会でも引き受けてきました。三十代のはじめから、ほぼ一か月三〜五回講演をしてきました。

そうした講演会で私のことを知った人たちも、『女性の品格』を買ってくださっているのではないかな、と思っています。すぐに結果が出なくても、地道な活動がいろいろなかたちでプラスになっていくことは多いのです。

また、私は公務員時代に、

「外国のマスコミ関係者や知識人に、日本の女性問題について話をしてほしい」

と言われることもよくありました。もちろん謝礼などありません。それでも、こうした依頼も私はできるだけ引き受けて、いろいろな人たちと会って話すようにしていました。

これも、

「公務員の仕事には直接役に立たないけれど、英語で話をする機会をなるべく多くつくっておけば、自分の英語力のプラスになる」

と考えたからです。もちろん、日本のことを外国の方たちに正確に伝えなければならない、という使命感もありました。

実際にそういう会合に出席して外国の人たちと接してみると、若い頃の留学やオーストラリアでブリスベン総領事として過ごした経験があったため、

「そういえばハーバード大学でこういう話を聞いたことがあった」

「そうそう、オーストラリアの人たちはこういう日本観を抱いているんだっけ」

などと改めて思い起こすことや、

「外国人が日本を見る目もだいぶ変わってきているな」

という発見が、たくさんありました。もちろん、会話そのものも、新しい視点が得られて、とても楽しいものでした。

人間は、どうしても直近の仕事に役立ちそうな情報や、すぐに自分の利益に結びつきそうな活動に目が行くものです。つまり、〝短期の利〟を求めがちなのですが、自分のキャリアの糧になるかどうかは、もっともっと長いスパンで考えていくべきだと思います。

チャンスを切り拓くにも品格が必要

チャンスに対して積極的になるのは良いことですが、

「俺はこういう大きな仕事をやった」

「私にはこんな素晴らしい能力がある」

と過剰なまでに自己PRをしたり、人のチャンスを横から奪い取ったりするのは、品格がありません。やみくもに成功を目指すような生き方は、好感をもたれません。


強引にチャンスをつかみとったとしても、よほどの力がなければ、そのチャンスを活かすことはできません。「俺が」「私が」と声を上げる前に、一歩ひいて自分の身の丈を認識し、強みとする能力を活かせるかどうかを冷静に考えてみるべきでしょう。

もう一つ、最近の日本には、強いカリスマ性をもつリーダーをもてはやす傾向があります。急激に業績を伸ばし、強い権力をもつようになった人にすり寄って行くのは、日本人の非常に情けないところです。


有力者と知り合いだと自分にも「ハク」がつくよう思いこみ、

「あの人は商売がうまくて、うまくいっている。そばに行けば、自分にも何か素晴らしいチャンスがありそうだ」

「次代のトップになりそうな人と今のうちによしみを通じておこう」

と考えて追従するのでしょうが、どんなに成功しているリーダーであろうと、その人の人間性や見識や品性はどうかと、まず問うべきではないかと思います。

権力者におもねる人たちは、自分の力でチャンスをつかもうとしているのではなく、他人のチャンスのおこぼれに預かろうとしているだけなので、リーダーが事業に失敗したりすると自分も沈んでしまいます。長い目で見ればチャンスを活かしきれておらず、結局は実力を伸ばせなかった、というケースが多いのです。

また、それまで頼みにしていたリーダーが失脚すると、たちまち離れて別の権力者になびく人もいます。不遇な時にも礼節をもって接し、信頼関係を続けていくことが大事だと思うのですが、残念なことに、そういう人は少数派です。

本当に実力のある人は、たとえおこぼれのチャンスであっても、それを足がかりにして伸びていくものですし、リーダーが失脚しても以前と変わらない態度で接し、自分自身は他の部署で頑張ったり、独立するなどして再起を図っていきます。

チャンスを本当に自分のものにしてワンステップ上に行くためには、人としての品性と、自分の人生を自分で切り拓く力が必要です。

成功と挫折はいつも隣合わせに

❖過保護は試練を乗り越える力を奪う

「成功者は、たとえ不運な事態に見舞われても、この試練を乗り越えたら必ず成功すると考えている。そして、最後まで諦めなかった人間が成功しているのである」

本田技研工業（ホンダ）の創業者であり、戦後の日本を代表する経営者である故・本田宗一郎さんは、このような言葉を残しています。

ものごとが思い通りにならない時、挫折してそれでおしまいになってしまう人と、本田さんのように試練を肥やしにしてもう一度立ち上がれる人との差は、どこにあるのでしょうか。

それは、人としてのエネルギーの差ではないかと思います。私は若い人たちに、試練に負けず前向きに生きていくエネルギーをもってもらいたい、と心から願っています。

そのエネルギーを養う方策の一つは、親が子供を過保護にしたり、押さえつけたりしないことではないかな、と思います。私は四人姉妹の末っ子だったため、姉たちに比べると親の目もあまり届かず、過保護や過干渉とは無縁に育ちました。そのおかげで、ものごとを前向きに考える訓練ができたように感じます。

たとえば子供の頃、私の中学校ではテストのたびに生徒の成績が一番から順に一〇〇番まで貼り出されていました。今なら「子供の心を傷つける」と保護者からクレームが出るかもしれませんが、当時はそんなことを言う親はいませんでした。私は、張り出された自分の成績が少しでも下がっていると、悔しさを噛み締めながらも、

「次はもっと頑張らなくっちゃ」

と、前向きに考えていたものです。

小さい頃からそういう鍛えられ方をすることも必要だと思うのですが、今は少子化ということもあって、子供に失敗や挫折を経験させないように先回りして守ってあげようとする傾向が強くなっているようです。

幼稚園や小学校では、運動会の徒競走で負けたら子供が傷つくからと、皆で手をつないでゴールインさせるところもあるそうです。けれど、人には得意、不得意があ

り、かけっこは遅くても絵は上手だとか、手先がとても器用だとか、皆それぞれに個性をもっています。互いの個性を認め、それを伸ばしてあげるのが本当の教育ではないでしょうか。

また、子供同士が些細な喧嘩をしただけで、

「うちの子がぶたれた。先生の監督が悪い」

と学校まで文句を言いにくるような〝モンスター・ペアレンツ〟も問題になっています。さらには、子供の入社試験に母親が付き添ってくることもあるようです。

けれど、このように小さい時からずっと甘やかしていると、厳しい競争社会に出てから非常に苦労することになります。社会に出れば、皆が横並びに走って一緒にゴールインするなど、あり得ないのですから。

幸運を活かすのは不運に堪えるよりも難しい

昔の日本人は、目立つ仕事には必ず反作用があるということを、生活の知恵として教えられていました。たとえば「出る杭は打たれる」という諺は、

「才能や運に恵まれて頭角を現す人や、あまり出すぎた真似をする者は、とかく他

人から睨《にら》まれる。憎しみやねたみを買わないように注意しなさい」

という戒めです。

今の若い人たちの多くは、「とにかく目立つ仕事をやりたい」と考えているようですが、目立つというのは実はとても怖いことです。周囲の風当たりは強くなり嫉妬《しっと》を買うこともありますし、仕事ぶりを見る目も厳しくなるので自分の欠点があからさまになります。それを知ったうえで「目立つ仕事がしたい」と言っているのかしらと、ちょっと疑問を感じてしまいます。

日常の仕事でも、注目されている時ほど丁寧な仕事をし、人に対しても誠実であるべきなのですが、これはとても難しいことです。人間というのは忙しくなると、ついつい心のこもらないことを言ったりしたりすることが多いからです。

むしろ、ものごとがあまりうまくいっていない不運の時のほうが、仕事にコツコツと取り組み、人に対しても誠実になれるものです。そういう姿を見て、本当に好意をもってくれる人や、支えようとしてくれる人も集まってきます。

一方、幸運の時にはそうでない人まで集まってきますから、

「この人は本当に自分に好意をもってくれているのか、それとも単に幸運のお裾分《すそわ》

けを期待しているだけなのか」

を、うまく見分けなければならなくなります。

それを見分けられず、取り巻きが増えたことに有頂天になり、たくさんの人との付き合いに忙しくなると、自分の時間とエネルギーをどんどん消耗してしまいます。気が付くと、肝心の仕事のほうが疎かになって評価はガタ落ち、といったことにもなりかねません。

自分を律して幸運を活かすというのは、なかなか大変なことなのです。

フランスの箴言《しんげん》作家ラ・ロシュフコーは、『箴言集』のなかでこう言っています。

「幸運に圧し潰されないためには、不運に堪える以上に大きな徳を必要とする」

「ほめ社会」のアメリカ、「けなし社会」の日本

アメリカでは、「できる限りチャンスを活かせ」が人々のモットーのようになっていて、皆が果敢にチャンスにチャレンジしています。その意味で、アメリカ人の生きるエネルギー、心のエネルギーは、日本人のそれよりもはるかに大きなものです。

それはおそらく、アメリカの人たちは子供の頃から「自分の得意なことをやれ」と

言われて育ち、それがうまくいくと非常にほめられるので、自分に自信がもてるからではないかと思います。

一方、日本人は過保護・過干渉で子供を育てているわりには、

「国語の成績は良かったけれど、数学は平均点をとれていないじゃないか」

とか、

「スポーツ万能だけど勉強はいまひとつだ」

などと失敗や欠点をあげつらうところがあります。

そのため多くの人は「けなされないように、失敗しないように」と用心しながら生きていますが、そういう生き方をしていると心のエネルギーが少なくなり、何かにチャレンジすることが怖くなってしまうのではないか、という気がします。

アメリカでは、皆が勇気をもっていろいろなことにチャレンジしていますが、もちろん、そのチャレンジがすべてうまくいくわけではありません。しかし、失敗をしても何度でも再チャレンジができます。

たとえば、ベンチャー企業の社長が会社を倒産させたような時でも、

「あなたは良い経験をした。失敗から学んだのだから、新しい会社を興すのなら投

資しましょう」

と言ってくれるエンジェル（資金を提供する個人投資家）がいたりするのです。

一九八〇年から八一年にかけてアメリカに留学していた時の私の感想も、「アメリカでは、学校も仕事も配偶者も二回、三回と替えることができる」というものでした。長い間「チャンスは一回だけ」と考えられてきた日本に比べて、何度でもやり直しがきくことに感心したのです。それがアメリカ社会のいちばん良いところかもしれません。

日本の社会もだいぶ変わってきましたが、残念ながら、まだまだアメリカのように再チャレンジが可能な社会にはなりきれていません。

人情に厚いアメリカ人、ドライな日本人

アメリカの人たちは、日本人に比べて挫折に対する強さをもっています。それは、「ほめ社会」のアメリカには挫折した人に対する温かさがあるからです。

あとで詳しく述べますが、アメリカは非常なコネ社会で、私が留学していたハーバード大学などは出身者のネットワークが世界中に張り巡らされています。

仕事がらみのネットワークよりも、大学の同窓会のように仕事を離れたネットワークの比重が大きいので、一度信頼できる人だと思えば、その人が成功しても失敗しても友人としての関係が長く続くだけでなく、そうしたネットワークが挫折した仲間をサポートする役割も果たしているのではないかと思います。

一方、「けなし社会」の日本は、挫折した人に対して冷ややかです。仕事がらみのネットワークの比重がとても大きく、どの企業のどのポストにいるかで人を判断し、

「この人は自分の仕事にプラスになるかどうか」

という基準で人との付き合いを決める傾向があります。肩書きや権力のある人の周りにわっと集まり、それが外れたとたんに手の平を返してドライに離れていく人が、アメリカよりも多いように思えます。

その意味で、

「アメリカの人たちのほうがずっと人情がある」

と感じることもあるのですが、これは日本人が冷たいというよりも、自分のことで精一杯で、他人のことまで考える余裕がない人が多いからかもしれません。

◈成功と挫折、どちらか一方しかない人生などない

成功した時も失敗した時も支えてくれる人を見極める目は、一朝一夕にしてもてるものではありません。子供の頃から経験する小さな失敗や挫折の積み重ねによってできてくる、と私は思います。

アメリカのベティ・ハラガンの著書『母親が教えてくれなかったゲーム』（Games mother never taught you）には、次のような興味深い記述があります。

男の子は、「あいつは頼りになる、ならない」ということを、チームプレーのスポーツを通じて学ぶ。その点、おままごとや人形遊びばかりやっている女の子は、人の良い面だけを見て付き合い、悪い面は無視して自分の心が傷つかないようにするので、仲間同士が力を合わせてチームで行動するノウハウが身に付かない――というのです。

おそらく、これは日本にも言えることでしょう。日本の女性は小さい頃から好きな人とだけ仲良くし、嫌いな人とは付き合いません。

本当は男性もそうしたいのかもしれませんが、それでは社会生活ができないということを、子供の頃から経験によって叩き込まれます。たとえば野球をする時、

「あいつはいやな奴だけど、いい球を投げるからチームのエースにしよう」

といった具合に。女性であっても、チーム・スポーツをやっていれば、そういうことはあるでしょう。

特にチームのキャプテンをしていた人というのは、二十代前半の若者でも男女を問わず決断力や統率力があり、あちこちに気を遣ってチームの和を図ろうとすることが多く、

「人間に対する経験を積んできているな」

と感じます。

スポーツは、時の運で負けることもあれば勝つこともあります。勝って有頂天になったり、負けて打ちひしがれたりせず、

「さあ、次の試合のための準備をしよう」

という前向きな気持ちに、否応なくスイッチしていかなければなりません。

その意味では人生も同じです。挫折を経験しても再チャレンジしていく方向に自分を奮い立たせていくべきです。私は、そういう気持ちになれることが、〝生き方〟元気〟になるための大事な要素だと思っています。

誰でも失敗をすれば落ち込みますし、やることなすことうまくいかなければ世をはかなんでしまうこともあるでしょう。けれど、その時はつらくても、長い目で見れば人生の一コマにすぎません。「挫折した自分」を受け止められず自殺してしまったり、すべてに投げやりになってしまったりするのは、本当にもったいないことです。

成功と挫折とは、いつも隣合わせにあるもの。どちらか一方だけしかない人生なんてない――。このことを忘れないでほしいと願っています。

ソフト・ネットワークの活用を

自分に関する情報をさりげなく発信するスマートな自己ＰＲ法

「派手な売込みをしているわけでもないのに、あの人にはいろいろなところから仕事の声がかかっている。なぜだろうか」

こう首を傾げたくなるような人が、あなたの身の回りにはいませんか？

私にも常々、そう思うようなことがあったのですが、ある人から次のような話をお聞きして「なるほど」と納得しました。

端から見て「なぜ、あの人が？」と思われる人は、やはり相応の準備というか〝種蒔《ま》き〟をしていると言います。たとえば、暑中見舞や年賀状に、

「私は今こんな仕事をしています」

と近況報告を書き添えたり、自分の書いた原稿や研究の成果が本になったら、昔お世話になった人や親しい人たちに贈呈する、といったことです。


仕事上の関係が直接的にはない人や、ごくたまにしか顔を合わさない人でも、このように自分に関する情報をこまめに発信していれば、何かのきっかけで、

「そう言えば、この仕事はあの人に向いていそうだ。頼んでみようかな」

と思い出してもらえます。


けれど、地道な〝種蒔き〟の努力は周りの人には見えないので、

「なぜ、あの人が？」

と不思議がられることになるのだそうです。


たった一度の出会いでも、それを活かす努力をしているからこそ、次の仕事に結びつくのでしょう。つまり、〝種蒔き〟は自分をセールスすることでもあるわけですが、私も含めて、実行している人は少ないようです。

この話が印象に深く残っているのは、私自身にそれができていないことの裏返しなわけで、「なるほど」と感心するとともに、深く反省したものでした。

こうしたさりげない自己PRは、派手な売込みよりもよほど感じの良いものですし、強引に「仕事をください」と頼みに行って相手を辟易《へきえき》させるよりも、ずっと効果的だと思います。

転職や独立をした時に、

「今度、こういう会社に変わりました」

「退職してフリーランスになりました」

と一枚の葉書でも送っていれば、先方に頼みたい仕事ができた時に声をかけてもらえる可能性が高くなるのです。

自前の「柔らかいネットワーク」をもつ

アメリカには、「ハード・ネットワーク」と「ソフト・ネットワーク」という考え方があります。

ハード・ネットワークというのは、自分の親兄弟や、いつも仕事で顔を合わせている人など、互いに同じ集団の一員だと思っているような人たちとの堅いしっかりしたつながりのことです。

一方のソフト・ネットワークは肉親や仕事には無関係で、たまに顔を合わせる程度でも「あの人はしっかり生きているな」「いい人だな」と、互いに思っている人たちとのつながりです。友人というより知人という関係です。

キャリア・プランニングやキャリア・デザインに関係するアメリカの雑誌がよく言っているのは、

「転職や独立などキャリア・チェンジをした時に、チャンスをくれるのはハード・ネットワークの人ではない。ソフト・ネットワークの人のほうが、思いがけないチャンスをもってきてくれる」

ということです。

言われてみれば確かにそうで、会社の同僚や先輩などハード・ネットワークの人たちというのは、キャリア・チェンジしようとする人を自分たちの仲間のなかに引き止めようとする存在です。同じ仕事をして同じような考え方や行動をしているため、人脈の範囲も互いに似たり寄ったりです。

■ハード・ネットワークとソフト・ネットワーク

一方、まったく別の世界で活動しているソフト・ネットワークの人たちは、仕事上の利害関係もしがらみもありません。また、キャリア・チェンジをした人が専門とする分野に、知り合いがそう多くはいないかもしれないので、たまにしか会わなくても、ふっと思い出して声をかけてくれる可能性が高いわけです。

まったく別のジャンルの人なら紹介もしやすいし声もかけやすい。だからこそ、ソフト・ネットワークを自分でつくり、維持していく努力が大切なのです。

「脱・下請け」はソフト・ネットワークの活用から

日本人の多くは、ハード・ネットワークを構築することばかりに一生懸命で、そこで時間もエネルギーも使い果たしてしまいがちです。そのため、仕事とは直接関係のない世界でのネットワークづくりにまで目を向けることができないように思います。

すぐに自分の仕事にプラスになる協力者や、絶対に付き合わなければならないクライアントなど、ハード・ネットワークの人たちとうまくやっていくのも大事なことですが、それにプラスして、ソフト・ネットワークを構築していく気持ちももっていただきたいものです。

ただし、自前のソフト・ネットワークをつくるには、かなりのエネルギーが必要です。また、ソフト・ネットワークはいつ役に立つかわからないものですし、もしかしたら一生役に立たないかもしれません。

「わざわざそんなネットワークをつくるのは面倒くさい。そんなことをしなくても、インターネットを使えばどこにいたって仕事はできる」

と考える人もいるでしょう。

確かに、ＩＴ（情報技術）を活用して自宅で子育てや親の介護をしながら仕事をしたり、起業したりする人は増えています。

しかし、いくらＩＴで仕事ができても、ソフト・ネットワークをもっていなければ、誰かが仕事をくれるのを待つだけになってしまいます。ソフト・ネットワークを活用し、自分で仕事をとってこられるようにならないと、ずっと下請けのままで終わってしまう可能性が高いでしょう。

ジャンルを越えた人たちとの出会いが自分を高める

仕事以外の世界で魅力的な人たちとのネットワークを構築すれば、自分を高めていくこともできます。

たとえば、私が参加しているソフト・ネットワークに「リーダーシップ111（ワンワンワン）」という会があります。これは、政治・行政・経済など、あらゆる場で求められている新しいリーダーシップのスタイルと枠組みをつくり出そうとする女性たちのグループで、一九九四年に発足しました。「111」を「ワンワンワン」と読むのは、発足の年が戌年だったことと、「ワンワンと賑やかに議論しよう」という意図があったからです。

この会には、ジャーナリストの下村満子さん、当時サントリーにいた元外務大臣の川口順子さん、電通EYE社長の脇田直枝さんら各界の女性が集まりました。総理府の男女共同参画室長をしていた私も発足に関わり、公務員を辞めた二〇〇六年と二〇〇七年には代表を務めました。

「リーダーシップ111」の月例会では、メンバーや外部講師のスピーチを聞き、食事をしながら情報交換をし、時には会員の仕事の現場を見学します。

ほかに、公開講座で会員以外の人たちも参加してグループ・ディスカッションを行なったり、年一回の公開シンポジウムに、楽天の三木谷さんをはじめとする各界の男性リーダーを講師として迎えたりもしています。男性の真のリーダーは、偏見にとらわれずにものを見ることができ、女性に対する理解もあるのです。

こうしたさまざまな活動は、仕事上の利害関係とは無縁のネットワークでなければ、なかなか実現できるものではありません。ソフト・ネットワークの活動を通じて、私たちは視野をさらに広め、いろいろな人の考えを知り、知的刺激を受けて自分を高めていくことができるのです。

アメリカのビジネス界を支えるソフト・ネットワーク

先に述べたように、アメリカでは同じ大学の出身者が非常に広いソフト・ネットワークを構築し、互いを助け合い、引き立て合っています。

日本では「学閥」に悪いイメージがありますが、熾烈《しれつ》な競争が繰り広げられているアメリカのビジネス界では、これを利用するのも当然と考えられており、誰もが自分のもてるコネをフルに活用しようとします。

コネといっても、ビジネスの実力は厳密に計りがたいものですから、

「大学の後輩のマイクはこの分野の仕事に興味をもっている」

とか、

「先輩のメアリーはとても優秀な人よ」

といった、ちょっとした推薦程度なのですが、これがものを言うのです。

大学の同窓会だけでなく、全国的な大組織から町内会的なささやかな組織まで、ソフト・ネットワークの規模や範囲はさまざまです。

また、その機能も、キャリア・チェンジの際のコネづくりや情報交換だけでなく、互いに仕事上の苦労話をしたり、解雇や降格などの挫折を打ち明けたりして励まし合うなど、多岐にわたります。仕事帰りに一杯やりながら会社のグチをこぼすという習慣のないアメリカでは、こうした励まし合いが精神的な支えにもなっているようです。

ソフト・ネットワークの活動に取り組んでいるのは、若い人たちばかりではありません。リタイア間近な中高年や、引退した年配者のなかにも、ボランティア団体の世話役をしたり、いろいろな会合に招かれて自分が専門としてきた分野の講演を無料で行なったりしている人がたくさんいます。

自分を必要とする人には惜しまずに力を貸し、もてる知識や情報を提供するという、古き良きアメリカの精神をもつ人たちがいるからこそ、ソフト・ネットワークが非常に盛んなのでしょう。日本も、早くそうなってほしいと願っています。

管理職の仕事はチームプレーで

管理職に求められる五つの力

管理職になると、部下をまとめてチームで仕事をしていくようになります。力のない人が管理職の任に就くことは、部下にとって不幸なだけでなく、組織全体にとって大きな損失になることは言うまでもありません。

私は、管理職に必要な力は次の五つだと考えています。

一　時代の流れを読む眼力

目先のトレンドや株価の変動などに振り回されてばかりいると、その場限りの対応しかできなくなり、企業として、チームとしての成長が難しくなってしまいます。

社会現象、技術開発、環境問題、政治や外交、市場の変化など、さまざまな動向に目を向け、長いタイム・スパンでビジネスを考えるようにしましょう。

二　プレーヤーとしてのプロフェッショナルなスキル

管理職はプレーイング・マネジャーのような存在です。チームをマネジメントする能力だけでなく、自分が専門とするスキルにも磨きをかけましょう。一人のプレーヤーとして高い評価と信頼を得ている人が、マネジャーとしても評価され信頼されます。

財務、営業、企画、研究開発など、「この知識や技術なら人に負けない」と思える強みをもっていれば、それをよりどころとして時代の流れを読むこともできますし、部下に的確なアドバイスを与えることもできます。

三　上司を動かす力

管理職の上には、社長まで何段階かの上司がいます。そうした上司にとって、説得力のある提案をして自分を動かしてくれる部下（管理職）はありがたい存在です。

上司に提案し、納得させて動かすためには、常に仕事の状況をきちんと把握し、自分の部下を掌握し、外部との信頼関係を構築しておく必要があります。

四　部下を育てる力

次の時代を担う人材の育成は、管理職として必要不可欠な仕事です。

■管理職に求められる5つの力

1. 時代の流れを読む眼力
2. プレーヤーとしてのプロフェッショナルなスキル
3. 上司を動かす力
4. 部下を育てる力
5. 外部との信頼関係を構築する力

「部下が育つと自分の地位が脅《おびや》かされる」

などと考えるのは器の小さい人。部下に力をつけさせて組織全体の力を強めていかないと、管理職の責務をまっとうしたことにはなりません。

五　外部との信頼関係を構築する力

食品の偽装や談合など、企業の不祥事はあとを絶ちません。不祥事を起こせば企業の社会的な信用は地に落ち、管理職はその責任を厳しく問われることになります。

今の時代は、組織の外にいる人たち、つまり社会に対して、

「我々はこういう理念のもとに仕事をしています」

と、きちんと説明できる透明性が求められています。組織のなかだけで「なあなあ」で仕事をしているのでは、社会との信頼関係は築けません。

❖「半人前のくせに生意気な」と思う前に、部下にチャンスを与えよう

若い部下のなかには、

「自分の能力や個性を認めて伸ばしてくれるのが良い上司、そういう上司がいる会社が良い会社だ」

と思っている人がたくさんいます。

上司の立場からすれば、

「まだまだ半人前なのに自惚《うぬぼ》れている。生意気だ」

とカチンとくるかもしれませんが、若いうちは、自惚れているくらいの人のほうが伸びる可能性をもっているのも事実です。部下の至らぬところをあげつらうよりも、良い部分を見つけてあげて、一二〇パーセントの能力を出さなければクリアできないくらいの目標を与えてチャレンジさせることも必要かと思います。

その際、部下の失敗については責任を問わないことが肝心です。部下の仕事が一〇〇点満点でないのは当たり前で、八〇点なら御の字、そうであることさえも珍しい、と考えておけば、それほど腹も立たないでしょう。

六〇点の出来ならば、アドバイスを与えてもう一度考えさせるか、別の視点をもっている人とチームを組ませてみる――。そうしたことができて、はじめて部下を育てているといえるのです。

「なぜ、こんなこともできないんだ。私に恥をかかせるつもりか」

と怒るのは、部下を育てることになりません。

実際には、つい頭にきてしまうことも多いでしょうが、そこをグッとこらえて、

「これは、こうしなければダメだ」

と叱れる上司になっていただきたいと思います。

怒る上司ではなく叱る上司になるためには、自分に実力がなければなりません。

◆レッテルに惑わされて若い芽を摘まないように

部下として配属されてくる人たちには、

「前の部署で上司と喧嘩ばかりしていた」

とか、

「女性だから仕事より家庭優先に考えている」

とか、何らかのレッテルを貼られていることが多いものです。

なかにはレッテル通りの人もいるかもしれませんが、大半は、「レッテルはそうだけれども、実は……」という部分をもっています。

前の部署で貼られたレッテルに惑わされ、実際の仕事ぶりがわからないうちから、

「彼はエリートコースを歩んできたのだから有能だろう」

「彼女は傍流だから仕事もダメに違いない」

という先入観で部下を判断するのは禁物です。

そうした上司の思い込みによって、いろいろなことにチャレンジする機会すら与えてもらえないのでは、部下はくさってしまうばかりです。

民間企業でも役所でも、難しい試験をパスして入ってきた人たちなのですから、それぞれに潜在的な力をもっているはずです。部下の潜在的な力を仕事に結びつけていけるかどうかは、上司の育て方、チャンスの与え方によるところが非常に大きいということを、どうか忘れないでください。

上司への提言は仕事に対する誠実さの現れ

部下を育てるとともに、上司に対して的確な提言をしていくことも、中間管理職にとっては大切な任務です。

しかし、

「それはなかなか難しい。へたな提言をして上司に嫌われてしまっては、これ以上出世できなくなる」

と考える人も、少なからずいるかもしれません。

上司を動かすことに抵抗を感じるか、躊躇《ちゅうちょ》せずにそれができるかは、端的に言えば、自分の仕事に対する価値基準や優先順位をどこに置くかで決まると思います。

つまり、組織のなかで自分より上にいる人たちが喜び、自分を気に入ってくれそうなことを最優先するのか、それとも、長い目で見た場合の組織の利益や、仕事を通じて社会のためにやるべきことを最優先するのか、ということです。

私自身は、公務員時代に多くの上司に育てていただくなかで、

「上の人に気に入られるかどうかではなく、今どういう問題があるのかをきちんと明らかにしていかなければ、国民に対する裏切りになるよ」

と教えられ、その教えを実行してきました。

実際に管理職として仕事をすると、コストの問題、内部の意見調整、外部との関係など、クリアすべきさまざまな課題に直面します。

「上司が聞いたらいやがるだろうな」

と思われることも多々あるのですが、そうした点をきちんと明らかにし、たとえ上司にとって耳の痛い話や不愉快な問題であっても、率直に提言する姿勢が必要です。

そうした誠実さは、仕事をするうえで最優先されるべきものだと言えるでしょう。

❖「中間管理職の権限はこの程度」という考えを捨てよう

「そうは言っても、中間管理職のできることは限られている。上司に気に入られて出世しなければ、自分の能力を発揮できない。出世するためには何でもありだ」と、シニカルで現実的な考え方をする人もいますが、私はそうは思いません。

確かに、出世したほうがいろいろな仕事ができ、能力を発揮できる場も広がるでしょう。けれど、

「自分は何のために仕事をしているのか。それはまず自分のためであり、ひいては社会のためである」

という志がなければ、出世してもむなしいだけではないでしょうか。

あまりにも現実主義にとらわれて、

「しょせん、中間管理職ができることはたかが知れている」

という考えになってしまったら、働いていても楽しくないと思います。

仕事を楽しむためには、「自分がこれをやらなければいけない」という使命感をも

 つことです。

その使命感に基づいて上司に提案をし、説得して動かしていく。あるいは、組織の外の人たちに向けて拠って立つ理念を明らかにし、信頼関係を築いていく。そして、部下と心を合わせて新たな課題にチャレンジしていく——。

そういうかたちで仕事をしていくことが、私たちにとっていちばんハッピーな働き方であり、前向きで元気な生き方にもつながっていくのではないかと思います。

暇で無能な管理職ほど一人で仕事を抱え込む

管理職になっても、仕事をすべて一人で抱え込んでいる人がいます。

こうした人が「責任感が強い」と評価されることは、まずありません。むしろ、「部下を使うのがへた。管理職として無能だ。仕事もよほど暇なのだろう」と思われてしまいます。

実際、暇なチームの長ほど、仕事を一人で抱え込みがちです。チームの責任者として新しい仕事を開拓し、ふくらませていこうとしたら、忙しくて忙しくて、とても一人で仕事を抱え込むことなどできないからです。

「いや、部下に任せるのは不安だから、あえて私が抱え込んでいるんだ」という反論もあるかもしれませんが、管理職というのは本来、部下に仕事を任せなければやっていけないポジションです。

一人ひとりの部下は、上司にはないセンスや能力をもっています。管理職になったなら、部下のセンスや能力がどんな仕事に向き、どこまでこなせるかを判断しながら仕事を任せていくべきです。安全な仕事を与えるだけでなく、時には冒険もさせてあげましょう。それで失敗した時は、上司である自分が責任をとる覚悟も必要です。

「その失敗が怖いから、私が仕事を抱え込んでいるんだ」と考えるようでは、管理職失格と言わざるを得ません。「部下の能力を引き出して育てる」という管理職の重要な任務を、放棄したことになるからです。

たとえチーム・リーダーであるあなたが実力派で、一二〇の力をもち、それをフルに発揮したとしても、一〇人の部下が五〇の力しか出さなければ、チームとしての総力は六二〇どまりです。逆に、あなたがもてる力のうち八〇しか出さなくても、一〇人の部下が七〇ずつ力を出せば、チームの力は七八〇になります。

こうしてチーム全体としての戦力を強くすると、部下のモチベーションは上がります。あなた自身は、部下に仕事を任せたぶん楽になり、チーム・リーダーとしての本来の仕事に集中できるようになるので、管理職としての評価も上がっていきます。

実に良いことずくめです。

◆スタンドプレーに走るワンマン型のリーダーには落とし穴が

部下に仕事を任せるのは良いことですが、その成果をチーム・リーダーである管理職が独り占めにして自分だけ目立とうとしたり、

「部下は使い捨てだ。自分の出世のためにこのチームを利用しよう」

と考えたりしたら、部下は育ちません。

というよりも、そういうリーダーでは部下は誰もついてこないでしょう。私自身は、そういうタイプのリーダーは好きではありません。

ところが実際には、「俺が」「私が」とワンマン型でスタンドプレーに走りたがるリーダーほどチームとしての業績も良い、という話を聞きます。

現実問題としてチームの業績が良ければ、部下は否応なしにその人についていかざるを得ず、結果としてチームの力もどんどん増していくことが多いのでしょう。

なぜなら、たとえ、「いやな上司だが、この人に従っていれば自分も出世できそうだ」とか、「このチームにいれば他の部署に対して積極的に振舞える」といった動機であっても、強いチームの一員であるという喜びとメリットが、部下のモチベーションを高めるからです。

しかし、「俺が」「私が」でチームを引っ張り、「チームの業績は私の手柄」と驕《おご》りを極めるようなリーダーには、思わぬ落とし穴が待っていることがあります。もともと人望がないので、ちょっとしたつまずきで権勢が弱まると、すぐに部下の心が離れてしまうのです。

人の心がいったん離れてしまうと、元に戻すことは非常に難しく、チームが苦境に立たされても、それを乗り越えようとする士気は高まりません。

「驕る平家は久しからず」（驕り高ぶり勝手な振る舞いをする者は、長く栄えることはなく、必ず滅びる）と言うように、結果的にチームとしてのパワーもあまり長続きしないのではないかな、と思います。

◆働きのあった部下は良いポストにこころよく送り出す

本当に強いチームをつくり、その力を長く維持していくのは、ワンマン型で手柄を独り占めするようなリーダーではありません。その逆に、時と場合に応じて部下に花をもたせ、部下の成長にプラスになるように心をくだくリーダーです。

「このチームで働くと、自分がステップアップするための良い経験ができる」

「この人と一緒に仕事してスキルを磨けば、いずれ自分で何か新しいチャンスをつくり出せるかもしれない」

と、部下が思えるようなリーダーになるべきです。

そして、チームのためによく働いてくれた部下は、人事異動でチームを離れていく時に、前述のように今より良いポストに送り出してあげることが、とても大事です。

多くの管理職にはその意識が欠けているようで、仕事ができる部下を自分の手持ちの駒のようにしてしまい、なかなか手放そうとしないのですが、これではいくら優秀な人でもくさってしまいます。

そうしたことが組織のなかで評判になれば、できる人材ほど、

「あそこに行くと、もうおしまいだ」

と、辞令をもらったとたんにがっかりするようなチームになり下がってしまうでしょう。

部下の能力を引き出し、育て、充分に力を発揮してもらったあとは、そこからさらに良い部署やポストにこころよく送り出してあげるべきだと私は思いますし、実際に可能な限りそうしてきました。

その結果、

「あのチームは登竜門だ。あそこでしっかり仕事をしたら、皆、成功していく」

と思われるようになると、優秀な人が喜んできてくれるようになります。

それは部下のためになるだけでなく、リーダー自身も仕事がしやすくなり、長期的に見ればチームとしての力がさらに増していくことにもなるのです。

チームの力を倍増させる部下の管理術、六つのポイント

管理職としての心構えをいろいろと述べてきましたが、最も大事なことは、チームのメンバーが互いに気持ち良く働き、仕事の成果を上げていけるようにすることです。

「部下は怠けたがるもの、能力は自分より劣る」

という〝性悪説〟に立ってギスギスした管理を行なう人もいるようですが、私自身の経験から言うと、

「部下はチャンスさえ与えればやる気を出し、それぞれが素晴らしい能力を発揮する」という〝性善説〟に基づいて柔軟な対応をするほうが、チームとしての力を存分に発揮できます。

実際の管理術としては、次の六つがポイントになると思います。

一　部下の能力を尊重し、敬意を払う

部下にはそれぞれに能力があります。語学が達者な人、法律に明るい人、仕事が手早い人、ゆっくりだがミスのない人など、各人の能力を尊重し、敬意を払いましょう。

管理職になりたての頃は、「自分自身ができるところをアピールしなければ」という気負いもあるでしょうが、間違っても個々の能力で部下と競ったりしないように。そんなことをしても部下の反発を買い、やる気を削《そ》ぐだけで何の益もありません。

二　折にふれて感謝の気持ちを言葉で示す

部下をいかに信頼し、その仕事に感謝しているかを、心のこもった言葉で伝えるように努めましょう。単に「ありがとう」と言うだけでなく、

「あなたのレポートはとても説得力があった」

「君が機転を利かせて発言してくれたおかげで、会議の方向がズレなかった」

などと、具体的に長所や功績、努力のあとをほめるようにします。

こうしたほめ言葉は誰にとっても嬉しいものです。特に、若い人にとっては自信を深め、モチベーションを高めるきっかけになります。

三　部下がやる気を出せる職場環境をつくる

具体的には、チームにとって必要な予算・人員・時間などを獲得したり、他の部署や上層部に対して部下の言い分を代弁して説得したりすることです。いずれも、管理職としての腕の見せどころと言えるでしょう。

外に対しては強く、上に対しては毅然とし、下に対しては理解があるリーダーがいる職場は、部下にとって最高の環境です。逆に、外に対しては遠慮ばかり、上に対してはペコペコし、下に対しては威張り散らすリーダーがいる職場は最悪です。

四　部下からの意見は鵜呑みにしない

〝性善説〟に立って部下の意見や提案に真摯《しんし》に耳を傾けるのは良いことですが、いつもそれを丸ごと受け入れているだけでは、かえって軽んじられることもあります。

部下の意見や提案に対して、自分の立場や見識に基づいたコメントを加え、最終的な判断は自分の責任で下すようにすると、部下から一目おかれるようになります。

五　予期せぬ事態には冷静で誠実な対処をする

管理職は日々、予測できないことに判断を求められます。予期せぬ事態に直面しても、逆上したりうろたえたりせず、手早く事実関係を確認して冷静に対処しましょう。

また、部下が大きなミスをした時には、小細工をせずに誠実に事後処置を行ないましょう。ミスそのものよりも、その収拾をどうするかでリーダーの評価は決まります。

六　自分の能力とパワーを高める努力を続ける

自分の能力に自信がないリーダーは、ここまで挙げた一〜五のポイントを実践できません。部下に対して寛容になれず、他の部署や上に対して過剰防衛にもなりがちです。また、自分に自信がないと仕事でパワーを発揮できず、管理職としての地位が不安定なままになってしまうので、異動の時に部下を良いポストに送り出すことも難しくなります。

つまり、管理職になっても一プレーヤーとしての能力を高め、自らパワーアップしていかないと、部下からの信頼や忠誠を得ることは難しい、ということです。

■チームの力を倍増させる部下の管理術

1. 部下の能力を尊重し、敬意を払う
2. 折にふれ感謝の気持ちを言葉で示す
3. 部下がやる気を出せる職場環境をつくる
4. 部下からの意見は鵜呑みにしない
5. 予期せぬ事態には冷静で誠実な対処をする
6. 自分の能力とパワーを高める努力を続ける

二十一世紀型の強いチームをつくる三つの条件

これまで日本では、組織のなかで強い権限をもち、人数がたくさんいて、予算を多く獲得できたチームが仕事の成果を上げてきたのですが、私は、それは「二十世紀型の強いチーム」だと思っています。

すでに管理職の任に就いている人たちや、これからその座を目指す人たちは、「二十一世紀型の強いチーム」をつくっていかなければなりません。そのための条件として、次の三つが上げられると考えています。

一　組織の内外で共感を得られる目標を明確に提示する

これは最も大事なことです。「組織の利益のため」という目標では、外部はもちろん、今や組織内の人たちでさえ本気で奮い立たなくなっています。「社会のため」「人類のため」という大きな目標（目的）が、どんな仕事にも絶対に必要だと思います。

たとえば私は内閣府の男女共同参画局長時代に、男性の部下たちに、

「二十一世紀の日本には女性の力の活用が必要。だから、それを実現できるようにするのよ」

と折に触れて話していました。

このようにリーダーが目標や目的意識を明確にし、メンバー全員が本気でそう思えるように説得していけば、そのチームの力は本当に強くなります。逆に、

「ここにいる間はリーダーに従っておこう」

と考えるメンバーが多いと、強いチームにはなりません。

というのは、省庁でも民間企業でも、チームのメンバーは人事異動の辞令一本で集まってくるからです。リーダーが自分の目標に共感してくれそうな人を指名できるわけではなく、「あの人がほしい」と希望は出すものの、優秀な人材ほど多くの部署で取り合いになるので、ほしい人材をなかなか獲得できないこともあります。

本気で共感してくれる部下は一人か二人いれば御の字で、あとは、その他の部下たちをいかに説得し、奮い立たせていくかが問われます。つまり、そのチームでの仕事に、やりがいをどれだけ感じてもらえるかが大事なのです。

本来、人間は仕事に対して、お金よりもやりがいを求めます。

「この仕事は世の中のためにとても役に立つ。自分の成長の糧にもなる」

と部下が強く意識するようになれば、チームのパワーはグンと増し、仕事の成果はどんどん上がっていきます。

二　集めた情報を取捨選択・分析し、コメントや展望などを加味して発信する

世の中で何が起きているか、時代の流れはどのように変わっていくか、という情報をたくさんもつことは、仕事をしていくうえで非常に大切です。しかし、ＩＴの発達によって、今では情報を得るだけなら誰にでもできるようになりました。

肝心なのは、集めた情報から自分たちの仕事にとって重要なものを取捨選択し、分析していくこと。そして、分析した情報にコメントや展望などを加味し、それを外に向けて発信していくことです。

そのためには、自分自身のアイデアや見識をしっかりともっていないといけません。

三　自分を支え、協力してくれるネットワークを組織の外にももつ

すでに述べたソフト・ネットワークが、これにあたります。

自分が属する組織内のネットワークは、どうしても同じような考え方に陥りやすいので、視野が狭くなりがちです。

その点、外の世界のネットワークであれば、さまざまな試みが可能です。組織のなかでは知り得ない多様な情報や人脈を得ることもできるので、見識を深めて自分を成長させたり、斬新なアイデアを生み出したりする良いきっかけにもなるのです。

■21世紀型"強いチーム"をつくる3つの条件

1. 組織の内外で共感を得られる目標を明確に提示する
2. 集めた情報を取捨選択・分析し、コメントや展望などを加味して発信する
3. 自分を支え、協力してくれるネットワークを組織の外にももつ

第三章

より良く生きるための エネルギーを養う

粘り強く、前向きに生きるには

❖「年のせいでパッションが低下した」は本当？

若い頃はいろいろなことに元気にチャレンジしていた人なのに、年齢を重ねるにつれてエネルギーを失ってしまう人がいます。

そういう人は、

「もう年だから気力も体力も続かない。仕事への意欲が失せた」

などと言うのですが、本当にそうでしょうか？

仕事への意欲が低下していくのは年齢のせいではない、と私は思います。

厳しいことを言うようですが、組織のなかである程度のポジションを得たことに安心しきってしまい、同じように仕事を続けてきたためにチャレンジ精神を失って、意欲が低下しているのではないでしょうか。

「仕事が忙しくて疲れてしまい、やる気が起こらない」

と言う人もいますが、仕事が好きでエネルギーを維持できていれば、忙しさはむしろ励みになるはずです。

意欲の低下を忙しさのせいにする人は、仕事そのものではなく、仕事に付随した人間関係など諸々のことに疲れ果てているのではないでしょうか。頭を使わずに気ばかり遣って疲弊している人が、最近は特に多くなっているような気がします。

年齢を超越してエネルギッシュに生きた人たち

意欲の低下が年齢とは無関係であることは、過去に多くの人が実証しています。たとえば、伊能忠敬《いのうただたか》（一七四五〜一八一八年）が本格的に学問に取り組んだのは五〇歳を過ぎてからでした。

皆さんも歴史の授業で習ったと思いますが、忠敬は江戸時代後期の測量家で、我が国初の実測地図「大日本沿海輿地全図《だいにほんえんかいよちぜんず》」の作成に貢献した人です。もとは下総《しもうさ》国佐原郷（現・千葉県香取市佐原）の商人で、醸造業を営んでいた伊能家に婿養子に入り、傾いていた家業を再興させました。

四十代の終わり頃から独学で暦学などを学んでいたと言いますが、一念発起して江戸へ出たのは家業を息子に譲ったのちの五一歳の時で、幕府天文方《てんもんかた》の高橋至時《よしとき》に師事し、暦学、天文学、測量技術などを修めました。

江戸時代の五一歳といったら老境です。しかも、先生である高橋至時は忠敬より一九歳も年下でした。今、リタイア後に息子や娘ほど年の違う若者に真摯に教えを乞う人が、どれだけいるでしょうか。

忠敬が第一次測量を始めたのは五六歳の時で、以後、七二歳まで全国各地におもむいて測量を続けました。その技術は極めて高度なもので、この測量はやがて国家的事業に育っていきました。「大日本沿海輿地全図」が完成したのは忠敬の没後ですが、この日本地図は非常に精度の高いものとして高く評価されたのです。

時代はぐっと下って、先ごろ亡くなられた日本画家の片岡球子《たまこ》さん（一九〇五〜二〇〇八年）は、美術大学を卒業後、長く小学校の教師をしながら創作活動を続けた方でした。若い頃は日本美術院展（院展）に何度も落選したそうです。

院展に毎回入選するようになったのは三十代の半ばからで、小学校を退職して画家として独立したのは五〇歳の時でした。晩年、病に倒れてからも療養のかたわら創作を続け、一〇三歳の天寿をまっとうされるまで現役を貫きました。

年を重ねることは決してマイナスだけではありません。

「後世まで名を残すような人だからエネルギーもあったのだろう」

と考えるのは間違いです。年齢を重ねても意欲やエネルギーを失わなかったからこそ、歴史に名を残すことができたのです。

年齢とともに輝きを増す人を目指して

人は誰でも、加齢とともに外見の美しさや体力を少しずつ失っていきますが、その代わりに多くのものを得ることができます。

たとえば、職場で経験を積み、能力を磨いて昇進し、権力やお金を得て失った若さをカバーする人もいます。また、権力やお金とは別の次元で社会に貢献し、社会に対する影響力をもつ人もいます。

どのようなかたちにせよ、年齢を重ねて輝いている人たちは、それぞれに個性的です。そこには、共通するものがいくつかあるように思います。

一つは、豊かな経験に裏打ちされた他人への配慮、他人に対する優しさです。

何十年も生きていれば、悔しいこと、つらいこと、あるいは飛び上がるほどの喜びをたくさん経験します。そうした自分自身の経験によって、他人の痛みがわかり、他

人の喜びに共感できるようになるので、

「今、あの人は傷ついている。そっとしておいてあげよう」

とか、

「今、この人は幸福の絶頂にある。一緒に喜ぼう」

などと配慮することができるのです。これは、人間として大きな魅力です。

二つ目は、こうした配慮や思いやりをかたちにできるパワーがあることです。このパワーとは権力やお金のことではなく、人を和ませる雰囲気、互いに助け合い支え合うネットワーク、後進の育成、生活面でのスキルや知識、TPOをわきまえている賢さなど、さまざまな「人間力」をトータルしたパワーです。

三つ目は、自分を律することのできる心の強さです。

年齢を重ねて輝いている人たちは、「もう年だからしかたない」と自分を甘やかしたり諦めたりしません。いくつになっても向上心をもち続け、新しい知識を得ようと努め、身だしなみもきちんとしています。また、自分の力や立場をわきまえ、どこまでも我を通そうとしたり、人をねたんだり、怒りや恐れの感情に左右されたりしない凛々《りり》しさをもっています。

このように、他人に対する優しさと、自分自身に対する厳しさをもった人こそ、品格ある人間と言えるのではないでしょうか。

時間は私たちに経験を与えて内面を豊かにしてくれます。時間に若さを奪われたと嘆くのではなく、時間によって品格を磨いていく人になりましょう。

人生観を変える「三学戒」の教え

品格を磨き、パワーを身に付けるうえで、「学び」は有力な一方法となります。

江戸時代後期に、儒学の最高権威として尊敬を集めた佐藤一斎《いっさい》（一七七二～一八五九年）は、学問、思想、人生などに関する心得を示した『言志四録《げんししろく》』という随想録を遺しました。

『言志四録』は、一斎が四二歳の時から四十余年にわたって著したもので、「言志録」「言志後録」「言志晩録」「言志耋録《てつろく》」の全四巻、一一三三条もの心得から成っており、当時の指導者層を中心に広く読まれたと言われています。

なかでも有名なのは、次の言葉です。

「少にして学べば則《すなわ》ち壮にして為すことあり。壮にして学べば則ち老いて衰えず。

老いて学べば則ち死して朽《く》ちず」

この言葉は「三学戒」と呼ばれ、一斎が七十代の頃に書いた「言志晩録」に収められています。

人それぞれにいろいろな解釈があると思いますが、

「幼い頃に学ぶ習慣と楽しさが身に付けば、大人になって社会に役立つ人になる。社会に出てからも学ぶ意欲があれば、年を重ねてますます充実した日々を送ることができる。高齢になってからもたゆまずに学び続ける人はパワーが増し、生涯を通じた学びの成果を社会に還元し、死後も後世の人々に影響を与えることができる」

という意味に受け取ることができます。

「どうせ年だから」という居直りをやめよう

私が考えるパワーとは、生活者としてものごとをやり遂げたり、人を助けたりできるさまざまな知識やスキルであり、それに裏付けられた見識です。

そうしたパワーを身に付けるためには、最新の情報を知り、いろいろなツールを使いこなせなくてはなりません。そのためには「学び」が必要です。

自分を磨く努力はすべて「学び」だと考えれば、人生のあらゆるステージで学ぶ機会は無限にあると言えるでしょう。

社会に出てから大学で学び直す人は増えていますが、そういう人たちだけでなく、ボランティアをするために福祉関係の資格を取ろうと講習を受けている人、小説やシナリオを書くための勉強をしている人、パソコン教室に通っている人など、何歳になっても新しい分野にチャレンジしている人はたくさんおり、それぞれに魅力的です。

逆に、

「もう年だから」

「どうせ中年を過ぎて頭が固くなっているから」

「仕事が忙しくてとても時間がつくれないから」

などと、いろいろな理由をつけて学ぶ努力をやめてしまっている人は、現在の自分に居直っているような気がします。

壮年になっても少しずつ自分を磨き続けていれば、佐藤一斎が言うように、「老いて衰えず」になるのです。そのチャンスをみすみす捨ててしまうのは、実にもったいないないことだとは思いませんか？

やる気を保つために私がしていること

先に私は、仕事に付随した人間関係などに気ばかり遣って疲弊し、仕事に対するやる気をそがれている人が増えている、と述べました。実際、私自身にも、そうなりそうになったことが何度もあります。

仕事をしていれば誰でも、腹の立つようなひどいことを人からされたり、言われたりすることがあります。そのたびに怒ったり萎縮したりして相手のペースに引きずられてしまうと、本当に意欲が低下してしまうこともあるでしょう。

そうなりそうな時、私はいつも、

「これは本質的な問題ではない。忘れよう。悩むのなら明日悩もう」

と考えて乗り越えてきました。仕事の本質にはあまり関係のない問題に、いつまでもこだわっていたところで事態は何も良くなりません。「しょうがない人だ」と割り切って、あまり気にしないことです。

もう一つ、頭の中からネガティブな考えを追い出すのに効果的なのは眠ることです。

公務員時代の私は慢性的な睡眠不足で、平均睡眠時間は五時間、ひどい場合は三時間しかありませんでした。それを続けていては体がもたないので、一週間に一度くらい八時間ほどまとめて眠り、足りないぶんを取り戻していました。今の生活も忙しいのですが、最近は年齢のせいか六時間も眠れば充分で、若い頃のように八時間も九時間も泥のように眠ることはありません。

ほかに、心身の疲れをとってエネルギーを枯らさないようにと、本を読んだり、体を動かしたりもしていました。

読書は、主に仕事とは関係のない小説などでした。学生の頃、試験の前ほど参考書以外の本が読みたくなるのと同じで、仕事が忙しくなるほど自分の好きなジャンルの本が読みたくなるものです。無意識のうちに頭がそういうものを欲するのでしょう。

運動のほうは、公務員時代はまとまった時間がとれなかったので、通勤時に自宅から駅まで自転車で行ったり、最寄駅から目的地までできるだけ歩く程度のものでした。

総領事としてブリスベンにいた時は、現地の人たちが夫婦揃って散歩しているのを見て、私もまねをしてみました。私は単身赴任だったので散歩は一人でしたが、生まれてはじめて散歩の時間をもてて、「今まで本当に時間と追いかけっこをして、ゆとりのない生活をしていたんだなあ」と実感したものです。

読書でも散歩でも、あるいは別の趣味でも、仕事の時と視界を変えてみることは心身のリフレッシュになるだけでなく、自分を見つめ直す良い機会にもなると思います。

ポジティブ思考に自分を変えていく三つのポイント

職場で少しでもいやなことがあると激しく落ち込んでしまう人や、責任ある仕事を任されたのに臆病になって力を発揮できない人は、少なからずいるようです。

こうしたネガティブ思考から安易に仕事を辞めてしまったり、せっかく与えられたチャンスを活かせなかったりするのは、とてももったいないことです。自分の能力を高め、存分に発揮していくには、ものごとをポジティブに受け止めるようにすべきです。

私自身の経験から、自分を楽にするポジティブ・シンキングに必要な三つの要素を挙げておきたいと思います。

一　気持ちの切り替えを早くする

社会に出ると、いやでもやらなければならない仕事がたくさんあります。たとえば私は新人の頃、同期のなかでただ一人、女性であるという理由でお茶くみを命じられて「おかしいな」と疑問をもちましたが、「こんなことで周囲と軋轢《あつれき》を起こして仕事をなくしたりしたら、もったいない」と、気持ちを切り替えました。

やると決めたら、「いやだな」という気持ちをサッと捨ててしまうことです。そのうえで、お茶くみであれば「一年だけですよ」と条件を出して自分なりに納得するとか、仕事のやり直しを命じられたら「良い訓練だ」と考えるといった気持ちの切り替えをしましょう。いやなことにいつまでもこだわっていると、毎日が楽しくなくなり、だんだん元気がなくなってしまいます。

二　不得意なこと、わからないことは周りに聞く

大きな仕事を与えられると、誰でもやる気をかき立てられる一方で、「自分にできるだろうか」「他の人に負けたくない」と考え、気負ってしまうものです。

私も、二九歳で総理府の婦人問題担当室専門官になった時、最年少だったこともあって、

「他の省庁からきた人たちに負けないようにしよう」

と肩に力が入っていました。端から見たら、「いやな奴だ」と思われていたかもしれません。

けれど、その後いろいろと場数を踏んでいくうちに、前例のない大きなチャンスを与えられても、

「わからないことは皆に聞けばいいんだ」

と思うようになり、それほど気負わなくなっていきました。

誰にでも、不得意なことや知らないことはあります。そういう分野の仕事は、上司や先輩に相談したり、先例を聞いたりしながらやっていくようにしましょう。そして肩の力を抜き、その部分では立派なことができなくても、よしとするのです。

三　得意な分野で自分の個性や特徴を打ち出す

仕事では、与えられたポストで自分の得意なことを活かせるかどうかが問われます。自分の強みは何かを自覚し、それについてはリスクを恐れずに勝負すべきです。

■ポジティブ思考に変えていく３つのポイント

1. 気持ちの切り替えを早くする
2. 不得意なこと、わからないことは周りに聞く
3. 得意な分野で自分の個性や特徴を打ち出す

たとえば、私が総理府で「婦人白書をぜひ出しましょう」と言えたのは、それ以前に『青少年白書』の分担執筆を経験していたからです。当時の総理府には、「婦人白書を出すのは五年後でもいいのでは」という意見もあったのですが、私は自分が「これならできる」と思うことで、新しい分野を切り開いていきました。

その後、埼玉県副知事時代には、

「私は男女共同参画室長からきたのだから、この際、埼玉県を男女共同参画の進んだ県にしよう」

と考え、県庁の女性管理職や、その少し手前のポジションの人たちを集めて勉強会を開いたり、「世界女性みらい会議」という大きな会議を開催したり、さまざまな女性たちのネットワークをつくるよう働きかけたりしました。

人間、何もかも完璧にできるものではありません。弱い分野は周囲の意見を聞きながらやり、強みとする分野で自分らしさを打ち出していくようにしましょう。

仕事も子育てもダブルで楽しむ

❖女性も男性もロングスパンで人生を考える時代

平成一八年の簡易生命表によると、日本人の平均寿命は男性が七九・〇〇歳、女性は八五・八一歳です。

この長い人生のなかで、親が子供の世話に集中しなければいけない期間はどれくらいでしょうか――。私自身の経験から言って、その期間は一〇年ほどだと思います。本当に母親がそばにべったりいたほうが良いのは一年ほどでしょうか。

子供は、小学校四年生ぐらいになれば身の回りのことはひととおり自分でできるようになりますし、四六時中、親とべったり過ごすよりも、友達と一緒に遊んだり勉強したりすることが多くなります。

出産や子育てはとても重要ですし、「いくつになっても子供は子供」という考え方もありますが、客観的に見れば、出産や子育てにかける時間は長い人生のうちの一割強にすぎないのです。

ですから、子育てが終わってから自分自身がどう成長していくのか、どのような分野にチャレンジしていくのかは、とても重要なテーマです。

女性の場合、出産や子育てを終えてから再就職をするのは非常に不利ですから、もう一度レベルアップを図ってから再就職なり再チャレンジをすることになります。その意味で、出産や子育ては、自分のキャリアを見つめ直す貴重なチャンスになります。食べていくための仕事に役立つキャリアというだけでなく、約八六年もある人生の生きがいも含めて、真剣に考える必要があるでしょう。

男女を問わず、「自分はどう生きるのか」をロングスパンで考えなくてはいけない時代になっているのです。

ライフデザインは人生を五つに分けて考える

子育てをしながら仕事を続けていこうと考える女性にお勧めしたいのは、出産前から人生設計を立てておくことです。といっても、大げさに考える必要はありません。日本女性の平均寿命は約八六年ですから、まず、次のように人生をざっと五つに分けてみると良いでしょう。

・第一期（〇歳～一六、七歳）……まだ自我が確立せず、親の保護のもとにある時期。

・第二期（一八、九歳～三十代半ば）……アイデンティティを形成し、社会で一人前になるための修業をする試行錯誤の時期。多くの人は、この時期に就職して基本的なスキルを身に付け、結婚して家庭をつくります。

・第三期（三十代半ば～五〇歳前後）……結婚している女性は、出産や育児などで家族との関わりが非常に大きくなりますが、後半は第四期と共に自由度が増します。

・第四期（五十代～六十代後半）……子供が巣立ち、個人として自由に社会で活動できる時期。

・第五期（七十代以降）……個人として自分の人生と向き合う時期。社会での活動を続ける人もいれば、活動から身を引いて趣味などに生きる人もいます。

このように人生をとらえると、短い子育てのために自分が望む生き方をすべて諦めてしまうのはもったいないと思うでしょう。また、子育ては短く限られた時期だと思えば、それを乗り切る力も湧いてくるはずです。

❖子供べったりで「空《から》の巣症候群」に陥らないように

前項で述べた第三期は、出産、育児、教育などの責任が女性の肩にのしかかってくる時期です。この時期に仕事を続けていきたい、あるいは、仕事でさらに大きく飛躍して成功したいと考えるならば、いろいろな戦略が必要になります。

まず現実問題として、子供を産む場合は、出産から二〜三年は生活の重点を子供におけるような体制を整えておかざるを得ないでしょう。

また、夫の協力はもちろんのこと、双方の親・姉妹などに助けてもらえる環境づくり、夫も含めた職場の育児休業制度の活用、ベビーシッター、保育所、企業内保育所、学童保育制度の利用など、さまざまな育児のサポートシステムについて調べておくことも大事です。職場に復帰してからの残業や仕事仲間との付き合いと育児との兼ね合いも、考えておかなければなりません。

このように言うと、「ワーキングマザーの育児は大変なことばかり」と思われてしまうかもしれませんが、出産や子育てはとても楽しいことですし、この時期は人生の盛りです。私自身も、二人の娘を自転車で保育園へ連れて行き、そのまま一目散に駅に向かい長距離通勤していましたが、その頃はまさに人生の最盛期だったと思います。

疲れや苛立ちを感じることもあるでしょうが、大変な時期だからこそ、楽しく、賢く乗り切るプラス志向と知恵が重要になります。

忘れないでいただきたいのは、そうした時期は一〇年ほどで終わる、ということです。先に述べたように、子育てに集中しなければならない時期は女性の人生の十分の一程度で、成長とともに子供の生活に占める親の比重はどんどん軽くなります。

雛鳥《ひなどり》は、やがて母鳥の羽の下から出て別の世界へと巣立っていきます。その時になって心にぽっかりと穴があいたような寂しさを味わい、生きがいや愛情を注ぐ対象を失った喪失感から「空の巣症候群」と呼ばれる状態に陥り、体調を崩したり、うつ状態を示したりする女性も少なくありません。ワーキングマザーも一人の母親である以上、例外ではないのです。

そうならないためにも、自分自身がやりたいことをしっかりと見極めてライフデザインを構築していくべきです。子供が巣立ったあとの第四期には、自由に社会で活動できる時期が与えられているのですから。

夫婦の家事分担で「女性の採用は損」と言わせない！

同じ職場に、同じお給料をもらっている夫婦がいるとします。

この夫婦の子供が風邪を引いたり熱を出したりした時、いつも仕事を休むのは母親で、父親のほうはめったに休みをとらないとしたら、母親と働く立場の人はどのように思うでしょうか。

「女性を採用するのは損だ。組織の利益のためには男性のほうが望ましい」

と考えたくもなるでしょう。

「給料をもらうために、職場にしがみついているのではないか」

といった冷たい批判を口にするかもしれません。

このたとえ話は極端かもしれませんが、独身時代には男性に勝る仕事ぶりで成果を上げていたのに、結婚して子供ができたとたんに、仕事より家庭を優先する女性がいるのは事実です。

しかし、女性が職場で男性と平等であるためには、それにともなう責任も充分に果たさなければなりません。「職場での男女平等」というのは、単に労働条件だけでなく、労働の内容やクオリティの平等も要求されるのです。

仮に、家事や育児の負担が女性だけに重くのしかかるとすれば、その女性は家に帰っても心身を休めることができず、労働力の再生産を充分に行なえないまま職場にくることになります。結果として、「女性を採用するのは損だ」という論理がまかり通ることにもなってしまいます。

そうならないためには、家事や育児を夫婦でどのように分担しているかが問われます。

昔の男性は、家事や育児に関わることがほとんどありませんでしたが、今は男性の意識も変わりました。私も、娘の夫を見て「よく手伝っているな」と感心していますす。積極的に家事や育児を分担してくれる男性を選ぶことは、女性の人生設計にとって非常に大事なことだと思います。

まとめて子育てを済ませるか、間隔をおいて楽しむか

私には、二人の娘がいます。

上の子を授かった時、夫は、私が出産後も仕事を続けていくことを一応理解してくれました。私の世代ですと、それだけで二重丸。家事や子育てをあまり手伝ってくれなくても、友達から、

「理解のある旦那さんでうらやましい」

と言われました。

その頃は、「子供は一人だけかな」と考えていました。当時の私には、仕事を続けながら二人、三人と子育てをしていくパワーがなかったのです。

ところが、その後ハーバード大学に約一年間留学することになり、また、実家の父が亡くなって母が同居することになり、私の母が娘の世話をしてくれました。それで母と娘はすっかり仲良くなり、私のなかに、

「これならば、もう一人なんとかなるかもしれない」

という気持ちが出てきました。留学中のアメリカでは、

「まず自分のキャリアを磨き、そのあとに子供をもつ」

という女性たちがとても多いことにも、大きな影響を受けました。

条件が整って二人目がもてました。ですから下の子には、

「おばあちゃんが家にいてくれることになったから、あなたは生まれることができたのよ」

と言っています。

そんなわけで、二人の娘の年齢は一二歳近く離れています。一二年ぶりで新生児をもち、一日一日成長していく姿を見つめられる喜びを再び味わえるのは、女性としてとても幸福な経験でした。

また、仕事のうえでも貴重な体験となりました。上の子を育てていた頃とは違って保育所がだいぶ改善され、お父さんの送り迎えなども増えているのを見て、

「下の子のおかげで育児環境の変化を身をもって知ることができる」

と感じられたからです。

と同時に、民間企業で子育てと仕事の両立に苦労されているお母さんたちと話をするたびに、公務員の世界は日本ではまれに見る男女平等の職場で、自分は非常に恵まれていると痛感し、大きな責任を感じたものでした。

早い時期に続けて出産し、育児をまとめて済ませるメリットもあると思いますが、気持ちの余裕をもって子育てを楽しみたいと思うなら、私のように間隔をおくのも一

つの選択肢ではないかと思っています。

完璧を目指さない私流子育て

子育てをするうえで、私が常に頭においていたのは、

「完璧な主婦と完璧なワーキングウーマンは両立しない」

ということでした。

たとえば、子供が熱を出した時でもワーキングマザーは仕事に行かなければなりません。そういう時、私は次のように自分に言い聞かせていました。

「たとえ一〇〇点満点の完璧な母親でも、子供は病気をする時はするんだ。病気を治すのは子供の生命力であって、母親はハラハラしているだけなんだ」と。

子供のベッドのそばでハラハラしているか、職場という離れた場所で心配しているかの違いだけで、母親は子供という当事者になることはできないのです。

人の考え方には違いがありますから、「自分は育児も仕事も完璧にやる」という美意識をもっている人もいるかもしれません。

けれど現実には完璧な人間などいません。もてるパワーを八〇点から九〇点に、

九〇点を九五点にと高めていくだけで、とてつもなく大変なことです。

「たとえ六〇パーセントのパワーしか出せなくても、二つ合わせれば一二〇パーセントになる」

と、私は考えています。

仕事も子育ても、その日一日だけ瞬間的に一〇〇パーセントのパワーを出せばうまくいく、というものではありません。どちらも長丁場なのですから、完璧を期していつもピリピリしていると、いつかポキンと折れてしまうかもしれません。無理をして倒れてしまってはおしまいです。

「ちょっと疲れてきたな」と感じたら、無理をしないで家事の手抜きをしたり、お洒落をして友達と食事に出かけるなどして、生活にメリハリをつけましょう。仕事も育児も、そうして肩の力を抜いて取り組んでいくほうが楽しめます。

ワーキングマザーの強みと泣きどころ

ワーキングマザーの強みは、いざという時、子供に対して具体的なアドバイスができる点だと思います。仕事を通じてさまざまなトラブルへの対処法を身に付けているからです。また、労働の尊さや、自信をもって自分の選んだ道を進んでいくことの大切さも、働く姿を通して示すことができます。

一方で、ワーキングマザーには泣きどころもあります。フルタイムで働いていると、どうしても子供と接する時間が少なくなってしまう点です。

私も、

「お母さんはいつも仕事優先だ」

「八時には帰るって言ってたのに遅くなった」

などと娘たちに責められたことが数え切れないほどあります。参観日や学校行事にもまったく行けず、

「友達のお母さんは仕事を休んできてくれるのに」

と文句を言われたこともありましたが、

「学校へは代わりにおばあちゃんが行ってくれるでしょ」

と言って、しのいでいました。

その意味で、娘たちは最大の批判勢力だったわけです。つらいところではありましたが、優先順位としてはあまり迷わず、「仕事が先だ」と考えていました。

また、娘たちは私の母ととても仲が良いので、私は安心していました。

子供の愛を独占しようという気持ちを、ワーキングマザーは捨てなければなりません。私の場合は、母がいてくれたおかげで安心して娘たちを託していけたわけですし、母にとっても愛する孫がそばにいて慕ってくれる幸せな状態だったので、「これはとてもうまくいった」と、ひそかに喜んでいたほどです。

たとえ母親が四六時中そばにいても、その母親が社会から孤立して育児支援も受けられなければ、「養育の質（child care quality）」は低下します。養育の質とは、子供を安心させ愛情を感じさせるような温かさ、子供の行動に共感し細やかに反応する感受性、子供の発達を刺激するような働きかけ、などのことです。

こうしたものを子供に与えるのは両親だけではなく、おじいちゃん、おばあちゃん、保育士、ベビーシッターでもいいのです。子供がなついて信頼できるこうした人たちが、二人も三人もいるのは素晴らしいことなのです。

「母親が家にいなくて子供がまともに育つのか」

などと言う人がいまだにいますが、そんな外野席の声に惑わされることはありません。

「うちの子は〝お母さん〟を何人ももっている幸せな子なんだ」

と考えましょう。ただし、最終的な子育ての責任は両親がしっかりと受け止めなければならないのは、言うまでもありません。

なお、ワーキングマザーの子育ては一人ではとてもできるものではなく、周囲の人たちの協力を得ることが非常に重要なのですが、子育てをサポートしてくれる条件がすべて整ってから産もうと思っても、そういう時期は、まず永久にきません。むしろ、必要に迫られたほうが道は開けるものです。

◈四〇歳で〝能力の棚卸し〟を

私の祖母は明治一一年に生まれました。結婚後は八人の子供を育てながら、造り酒屋の主婦として住み込みの従業員や出入り人の世話もしていました。冷蔵庫もなければ洗濯機もない時代に、このような大家族を切り回していたのですから、たいへんなエネルギーを要したことでしょう。

ところが今、多くのサラリーマンの奥さんたちは、子供がいても一人か二人で、家事はほとんど電化されています。その結果、主婦の負担は大幅に減っています。そのぶん、女性たちが家庭の外で活躍するのは当然のことと言えます。かつての良妻賢母という理想像のなかに、女性のエネルギーが収まるわけがありません。

ただ、祖母の時代と比べて女性の役割や年齢に対する価値観は大きく変わっているものの、日本はまだまだ、結婚や出産で退職した女性が子育てを終えた時に再チャレンジしにくい社会です。ですから、今は新しい女性の生き方が模索されている最中なのだと思います。

女性が子育てをほぼ終えるのは四十代ですが、四〇歳女性の平均余命は五〇年近くもあります。「その五〇年を、どう生きていくか」が問われるわけです。

私は、さまざまな人生経験を積み、最も脂ののったこの時期にこそ、自分自身が主人公になって、後半の人生を設計し直すべきだと思っています。

再就職を目指すだけでなく、起業したり、それぞれに異なる能力をもつ人たちでネットワークをつくったりするのも良いでしょう。どんなことにチャレンジするにしても、育児後に再出発をするために大切なのは、〝自分の能力の棚卸し〟です。

「この能力は今も充分通用する」

「この点に関しては学び直しが必要だ」

「この方面では自分の力では追いつかなくなっている」

といったことをはっきりさせたうえで、

「社会から必要とされる人材になるには、これだ！」

と思う能力をブラッシュ・アップしていきましょう。

志をもって生き抜く力をつけよう

これまで仕事中心にやってきた女性でも、出産して子供が小学生、中学生になるまでは、どうしても仕事だけに全エネルギーを注ぐわけにはいかなくなります。

その時には焦らずに、「あと何年かしたら仕事に全力投球できる」と考えて、一時的にエネルギーを子育てにシフトしてみましょう。生涯を通して働く意志があるのなら、こうしたメリハリをつけることも必要です。

そして仕事に復帰した時には、今までより上のポストに就くことを最終目標とするのではなく、仕事を通して社会に貢献するという志をもって、自らの力を活用していってほしいと願っています。

そのためには、与えられた仕事を確実にやり抜き、スキルと実績を高めていかなくてはなりません。「もう限界だ」と感じることもあるかもしれませんが、そこで踏ん張り、諦めずに仕事を続けてください。「もう限界だ」と感じた時こそ、スキルが磨かれ、能力が鍛えられるのです。

私の場合も、埼玉県の副知事やブリスベンの総領事という未知の仕事に取り組んだ時には、多くの人に助けていただきながら、

「今までの仕事の体験からあのスキルが使える」

「この人達が助けてくれるかもしれない」

と手探りをしつつ、なんとか役割を果たすことができたのです。今では、どの仕事も私を鍛えてくれた、と感謝しています。

仕事をやり抜くエネルギーを養うには、仕事に直接は役立たなくても自分らしさを取り戻せる世界、たとえば趣味やボランティアなども大切です。そうした世界での経験が先々の力になり、新たな世界に通じる水脈にもなるはずです。

また、視野を広げ知力をつけるために多くの本を読むこと、仕事で頑張りのきく体力をつけること、さまざまな環境を受け入れる逞《たくま》しさを身に付けることも大切です。

自分の能力を社会に活かそうという志をもち、決して途中で諦めたり投げやりに

なったりせずに、粘り強くエネルギッシュに歩み続けていきましょう。

人としてのマナーとエチケット

◈遅刻をしないことは相手に対する誠実さの表れ

約束の時間に遅れないようにと、かかってきた電話を「あとで」と切り上げ、上司への報告もあと回しにして会社を飛び出してきたのに、相手に待ちぼうけを食わされた時の気分の悪さは、誰にでも覚えがあると思います。

逆に、自分のほうが遅れてしまった時もみじめです。約束の時間が一〇分、五分と近づくにつれてハラハラとし、一分、三分と過ぎていくうちに自己嫌悪でいっぱいになる。ようやく駆け付けても、平身低頭して詫《わ》びるうちに時間はどんどん過ぎていきます。

そんな時は相手との感情的な行き違いが生じやすく、まとまる話もうまくいかなくなることが多いものです。何より、約束した時間に遅れるということは、相手の貴重な時間を奪い、大きな損害を与えていることになるのです。

今は、友達や恋人との待ち合わせに遅れそうになっても、「ちょっと遅れる」と携帯電話一本の連絡で済ませて罪悪感を感じない人が多いようですが、それが習い性となって仕事の場でも時間を守らない癖がつくと大問題です。

なぜなら、遅刻をすると、待たせた相手に対して言うべきことも言えない弱い立場に立ってしまうからです。さらに、そうしたことが何度か繰り返されれば、「遅刻魔」と烙印《らくいん》を押されて社会的な信用が傷つき、

「思い上がっているのではないか」

「どうせ仕事もできないだろう」

などと人格や能力すら疑われてしまいます。

実際、仕事ができない人ほど、いいかげんな約束をして時間を守らないものです。仕事のできる人ほど時間をよく守ります。時間を大切にし、きちんとスケジュール管理をしているから仕事ができるのです。

約束の時間より少し早く着くことは、人としての基本的なマナーです。それを実行すれば、無言のうちに相手への誠意を表すことになり、あなたの社会的信用を高めることにもなります。

◆服装は身ぎれいに、立ち居振る舞いはスマートに

「人は見目《みめ》より、ただ心」という諺《ことわざ》があります。

「人間は外見の美しさよりも心の美しさが大切だ」という意味です。確かに、人から信頼されるためには心、つまり人間の中身が重要であることは言うまでもありません。

しかし、初対面の人の中身を知るのは不可能です。事前に相手のことをリサーチしていたとしても、人間性まではわかりません。同じ職場にいても、チームでいつも一緒に仕事をしていなければ、その人の性格や能力はなかなかわからないものです。一般に、欧米人は外見への意識が強く、自分がきちんとした人間であることを示すために服装を重視しています。

マキャベリ（一四六九～一五二七年）が『君主論』のなかで言っているように、人間は内容からよりも外見から、より多くのことを判断します。忙しさを理由にして身なりにかまわないのは、いかにも気持ちにゆとりがないように見え、仕事上マイナスにしかなりません。

ですから、身ぎれいな服装はとても重要です。といっても、あくまでも職場の雰囲

気とのバランスを考慮したものにすべきです。たとえば、マスコミや広告業界ならば流行を取り入れたカジュアルな服装でも受け入れられますが、銀行員や公務員はオーソドックスな服装のほうが良いでしょう。

総じて女性は身だしなみに気を遣うものですが、時として、若さや可愛らしさを売り物にするようなファッションやメイクの人を見かけます。これは、かえって自分の底の浅さを露呈しているようで、感心できません。

一方、男性は昔の〝ドブネズミルック〟から比べれば、だいぶスマートな服装になってきました。けれど、シャツの襟元《えりもと》や袖口が薄汚れていたり、いつ洗ったのかわからないようなクシャクシャのハンカチをポケットから引っぱり出したりするようでは、マイナスです。

細部まで気を配って清潔感のある見た目に整えれば、

「外見に恥じない行動をしよう」

と、気持ちも引き締まります。道幅いっぱいに数人で横並びに歩いたり、人前で大声で笑ったり喋ったり、電車の中でお化粧をしたり、エレベーターから降りてくる人を待たずに乗り込んだり、といった見苦しい振る舞いは決してしなくなるはずです。

❖「出すぎず、無理強いせず」が肩書社会の掟

社会人になって誰でも経験するのは、アフターファイブの飲み会です。同期だけの集まりならば、くだけた話もして楽しめるでしょうが、そこに上司もいるとなると、おのずから「けじめ」が必要になります。

グラスを重ねるうちについ気持ちが緩み、上司に向かって友達感覚で対等な口をきいたり、

「今夜は無礼講だから言わせてもらいますが……」

と上司や会社の批判を始めたりするのは、非常に見苦しいものです。

当然ながら、こうした振る舞いは相手の上司をとても不愉快な気分にさせ、周囲をしらけさせることになります。「けじめのない人だ」と眉《まゆ》をひそめられ、あなたに対する評価はガタ落ちになるでしょう。

また、職場で上司にチヤホヤされていい気になり、出すぎたことを言ったりしたりすれば、いくら目をかけてくれている上司でも優しい顔ばかりしていられません。「肩書社会の躾《しつけ》が必要だ」と、必ずピシャリと叩かれることになります。

一方、上司にも公私のけじめのない愚かな人がいます。親分風を吹かせて、「ご馳《ち》

走《そう》してやるから」と私的な酒席や交際に付き合わせたり、自宅の引越しの手伝いをさせたりと、仕事とは無関係なことに無理やり部下を引き込もうとする人です。

もし、上司からこのようなことを要求された時には、嘘も方便で、

「今日は風邪気味なので」

「その日は実家で法事があるので」

などと言って断るのがいちばんです。

第二章で、

「上司は上司であるがゆえに部下から敬意を払われる権利があり、部下は部下であるがゆえに上司から軽んぜられるのもやむを得ない」

と述べましたが、これはもちろん仕事のなかでのことです。私生活でまで、部下が上司に無理強いされたり、顎《あご》で使われたりするいわれはないのです。

◆愚痴や陰口は自分の価値を下げるだけ

「会社の方針は自分の考えと違う」

「上司の頭が固いのは困ったものだ」

「自分よりも能力の低い人が昇進していく」

などなど、職場に対する不満は誰でももっているものです。問題意識の高い有能な人ほど、心は不満にみちているのかもしれません。

アフターファイブの飲み会の話題も、大半は職場への愚痴や上司の陰口のようですが、そうした不満を口にしても問題は何も解決しません。不満を解決するために組織のなかで行動を起こす覚悟がないのなら、黙っているに限ります。

なぜなら、愚痴や陰口はあなたの価値を下げ、仕事上の立場を悪くし、友人を失ってしまうことにもなりかねず、プラスになることは一つもないからです。

たとえば、別の部署の人や社外の人に不満をこぼすと、

「この人は職場で軽く扱われているのだな」

「上司とうまくいっていないのだな」

と足元を見られてしまいます。「影響力のない人だ」と判断されれば、重要な交渉相手とみなされなくなってしまう可能性もあります。

同じ部署やチームの人なら、互いに諸々の事情がわかっているため話が通じやすいかもしれませんが、職場の人間関係は複雑なので、思いがけない副作用を引き起こす

 こともあります。「この人なら話しても大丈夫」と思って口にした上司への批判が、知らないうちに当の上司に伝わっていた、ということは珍しくありません。

また、たとえ親しい友人でも、愚痴や陰口を聞かされるのは鬱陶《うっとう》しいものですから、本当にあなたの気持ちを理解してくれるかどうかはわかりません。

というわけで、仕事に関する愚痴や陰口は、もらさないのがいちばんです。気持ちをプラスに切り替え、「どうすれば不満を解決できるか」に目を向けましょう。

それでも不満をぶちまけずにはいられなくなった時には、よほど心の広い人間のできた人物か、その逆に失っても惜しくない人を相手に選ぶべきでしょう。そうでないと、仕事仲間や友人を失ってしまうことになるかもしれません。

「愛語」のすすめ

これまで「生き方、元気になるには」どうしたらいいかについて、経験から学んだ私の考えをお話ししてきました。いかがでしたでしょうか。

「人生、山あり谷あり」と言うように、私たちが生きていく過程では、良いことも悪いこともあります。飛躍の時もあれば雌伏の時もあります。この本を読んでくださったあなたには、山の頂上にいる時だけでなく、谷から山頂を目指す時にも、常に元気で前向きでいられるエネルギーをもっていただきたいと思います。

この本を結ぶに当たり、私の座右の銘をご紹介します。

私の座右の銘は「愛語《あいご》」です。

これは、『修証義《しゅしょうぎ》』という本の一節に登場する言葉です。『修証義』は、曹洞宗《そうとうしゅう》の開祖、道元《どうげん》の著した『正法眼蔵《しょうぼうげんぞう》』の教えを中心としてまとめられた書物ですが、宗派を越えて通じる「より良い生き方」が説かれた〝仏教のエッセンス集〟と言えると思います。

この本のなかで、「愛語」は次のように説明されています。

「愛語というは、衆生《しゅじょう》を見るに先《ま》ず慈愛の心を発《おこ》し、顧愛《こあい》の言語《ごんご》を施《ほどこ》すなり。慈念《じねん》衆生猶如赤子《しゅじょうゆうにょしゃくし》の懐《おも》いを貯《たくわ》えて言語《ごんご》するは愛語なり。徳あるは讃《ほ》むべし。徳なきは憐《あわ》れむべし。怨敵《おんてき》を降伏《ごうぶく》し、君子を和睦ならしむること、愛語を根本とするなり。面《むか》いて愛語を聞くは面《おもて》を喜ばしめ心を楽しくす、面わずして愛語を聞くは肝《きも》に銘《めい》じ魂《たましい》に銘ず。愛語よく廻天《かいてん》の力あることを学《がく》すべきなり」

これを現代語にすると、次のような意味になるでしょう。

「愛語とは、人に対して愛情にみちた言葉を発すること、赤ん坊に接する時のように、深い慈愛を胸にこめて優しい言葉を投げかけることである。長所や美点のある人はほめ称《たた》え、それがない人には温かい心で接しなさい。敵意や誤解を解消し、争っている人たちを和解させるにも、すべて愛語が基本となる。面と向かって愛語を聞けば誰でも顔がほころぶが、人づてに聞いた愛語はそれ以上に嬉しいもので、心に染みわたり感動する。愛語には、世の中を良い方向に変えていく力がある、と知るべきである」

人は誰でも、お世辞や追従《ついしょう》は好きではありませんが、思いやりや愛情にみちた言葉は人の心を動かし、感謝の言葉やほめ言葉によって人はさらに向上します。

特に、知らないところで自分がほめられていることを間接的に聞かされると、とても良い発奮材料となります。上司から直接「よくやった」と言われるのも嬉しいことですが、

「○○部長が、あなたのことを有能で頼れる部下だと自慢していたよ」

と聞かされるほうが何倍も嬉しく、やる気をかきたてられるものです。これは俗に

「陰《かげ》ぼめ」と言われ、上司が部下の力を伸ばすための有効な方法とされています。

感謝の言葉やほめ言葉は愛語の一つです。それを上手に発することができる人は、上からは信頼され、下からは尊敬されるでしょう。

愛語を発するためには、言葉を大切にし、人に対する愛情をもたねばなりません。私が「愛語」を座右の銘としているのは、自分もそのような人間でありたい、と願うからです。

そうなるための努力を通して、人間は、より良く元気に生きるためのエネルギーを養っていくことができる――。私は、そう信じています。

※『修証義』については次の本を参考にしました。
『禅の修証義』　佐藤泰舜著　誠信書房　一九七五年
『修証義に聞く』　松原泰道著　潮文社　一九九三年

坂東眞理子（ばんどう　まりこ）
1946年富山県立山町生まれ。東京大学卒業。69年総理府入省。内閣広報室参事官、男女共同参画室長、埼玉県副知事等を経て、98年女性初の総領事（オーストラリア・ブリスベン）。2001年初代内閣府男女共同参画局長。04年昭和女子大学教授となり、同大学女性文化研究所長、同大学副学長を経て、07年昭和女子大学学長。
著書は『女性の品格』『親の品格』（PHP新書）のほか、『副知事日記——私の地方行政論』『ゆとりの国オーストラリア——ブリスベン総領事見聞録』（大蔵省印刷局）、『男女共同参画社会へ』（勁草書房）、『新・家族の時代』（中公新書）など多数ある。

生き方’元気になるには

2008年9月20日　初版発行

著　者　坂東眞理子
発行者　西澤一守

発行所　株式会社　フォー・ユー
東京都文京区本郷3丁目2番12号 〒113-0033
☎代表　03（3814）3261

発売元　株式会社　日本実業出版社
東京都文京区本郷3丁目2番12号 〒113-0033
☎代表　03（3814）5161　振替 00170-1-25349

印刷／理想社　　製本／若林製本

ISBN 978-4-89376-109-5